Inhalt

Einleitung

Musik kennt keine Grenzen

In einer Zeit, in der die Grenzen Europas mehr und mehr verschwinden, sollte das Kennenlernen der Kultur der Nachbarn eine Selbstverständlichkeit sein. Wenn wir viel übereinander wissen, können wir einander besser verstehen!
Musizieren, Singen & Spielen ohne Grenzen fördert das gegenseitige Verstehen und Vertrauen. Es dient dem Miteinander und der Gemeinsamkeit. Musik ist ein idealer Weg, gleichzeitig auf die kulturellen Gemeinsamkeiten und Unterschiede Europas aufmerksam zu machen.
Unsere Zusammenstellung europäischer Musikspielaktionen ist eine ganz persönliche Auswahl von Vorschlägen, um gemeinsam mit Kindern eine musikalische Rundreise durch Europa zu unternehmen. Entstanden ist ein Mix aus traditionellen Kinderliedern und Tänzen mit dazu passenden zeitgemäßen Spielaktionen.
Über Reime, Lieder, Tänze und Spiele möchten wir Kindern die Vielfalt der europäischen Musikkultur vermitteln.

Für ein vereintes Europa – Musik als interkulturelles Erziehungs- und Kommunikationsmittel

Die Beschäftigung mit fremden Kulturen und Musikkulturen im Besonderen gewinnt für PädagogInnen zunehmend an Bedeutung: Die Jugend von heute wächst ganz selbstverständlich in der Vielfalt einer multikulturellen Gesellschaft auf. Im Kindergarten, auf dem Spielplatz, im Sportverein, in der Schule, in der Nachbarschaft, im Supermarkt ... immer treffen Kinder hier und überall in Europa auf ausländische oder zweisprachig aufwachsende Kinder.
Als verbindendes Element, das sich einer universellen Sprache bedient, spielt Musik eine wichtige Rolle für den Aufbau des kulturellen Europas.
Musik drückt die Eigenarten der lokalen, regionalen, nationalen und europäischen Kulturen aus. Lieder bilden einen Teil der jeweiligen Landeskunde, da sie oft in einer bestimmten gesellschaftlichen Situation entstanden sind, und ihre Zeit sowie spezielle Verhältnisse beschreiben.
Sind Menschen verschiedener ethnischer und kultureller Herkunft bereit voneinander zu lernen, sich zu respektieren und sich um Verständigung zu bemühen, ist ein gleichberechtigtes und friedliches Zusammenleben möglich. Musik bietet sich als Ausgangspunkt für gegenseitiges interkulturelles Verständnis geradezu an.
Die Kinder können einander zum Beispiel die Eigenheiten ihrer Kultur durch Spiele, Lieder, Tänze und Instrumente vorstellen und anschließend gemeinsam einstudieren. Kenntnisse über Essgewohnheiten, Bräuche, Religion, Sprache, Literatur, Geographie und Landeskunde sind durch

kurzweilige spielerischen Aktionen ebenfalls leicht vermittelbar.
Lieder und Musik unterstützen nicht zuletzt das spielerische Lernen von Fremdsprachen. Ist der Text erst einmal gelernt, lässt sich auch in einer fremden Sprache munter drauflos singen.
Da die meisten Menschen Spaß am Singen haben, dienen Lieder auch der Auflockerung des Miteinanders, ob im Kindergarten, in der Schule oder wo immer sie sich treffen. Kein anderes Instrument ist in der Lage so viele Ausdrucksnuancen, so vielfältige Stimmungen und Emotionen zu vermitteln wie die menschliche Stimme.
Die europäischen Gesangsstile und Stimmäußerungen sind verlockend vielfältig: Vom österreichischen Almschrei in Bad Ausee über den schwedischen Viehlockruf zum genuesischen Trallalero, vom Appenzeller Jüüzli über den Obertongesang der Inuit zu den Juzern des Pulkautals spannt sich der Bogen spannender Stimmäußerungen.

Über die Geschichte Europas

Europa ist schon sehr früh fast vollständig besiedelt worden. Es heißt, dass die ersten Vorfahren bereits vor 1,5 Millionen Jahren von Afrika nach Südeuropa eingewandert sind. Und vor etwa 40.000 Jahren besiedelte unser direkter Vorfahre, der Cro-Magnon-Mensch, den gesamten europäischen Kontinent.
Im Lauf der Geschichte drangen asiatische Völker mehrfach auf den Verkehrswegen im Osten vor: So kamen im zweiten Jahrtausend v. Chr. die indogermanischen Kelten. Reste der keltischen Sprache tauchen bis heute in vielen europäischen Sprachen auf.
Hunnen, Bulgaren, Awaren, Ungarn und Mongolen gelangten über die osteuropäischen Tiefebenen ebenfalls nach Europa. Einige dieser Völker ließen sich nieder, andere wanderten wieder nach Osten zurück.
Ab dem zweiten Jahrhundert n. Chr. drangen über den Rhein verstärkt germanische Völker ins Römische Reich ein. Sie zogen durch Gallien bis nach Spanien und Nordafrika. Wikinger aus dem heutigen Norwegen eroberten Schottland, Irland und Island. Sie segelten nach Grönland und landeten bereits 1000 v. Chr. an der amerikanischen Küste.
Dänische Wikinger eroberten 1016 England. Sie unternahmen ausgedehnte Raubzüge in die Normandie, zogen nach Portugal, in die Provence und in die Toskana. Von Schweden aus machten sie sich auf den Weg nach Osteuropa und fielen in Weißrussland ein.
Die Römer haben ihre eigene Kultur ebenfalls fleißig in andere Länder getragen. Der Einfluss der lateinischen Sprache wirkt in Europa bis heute.
Die Sinti und Roma kamen von Indien und beeinflussten die Musik zahlreicher Länder, ebenso wie das jüdische Volk seine Kultur durch alle Länder gestreut hat.
Die Araber hinterließen in Europa sicht- und hörbare Spuren, und ...
Es würde schließlich Rahmen und Thema dieses Buches sprengen alle Völkerbewegungen, die im Laufe der Geschichte stattgefunden haben, aufzuzählen. Tatsache ist, dass jeder Eindringling, Einwanderer oder Vertriebene, wo immer er auch her kam, seine Kultur mit im Gepäck hatte. So wanderten nicht nur Menschen, sondern mit ihnen auch Sprachen, Spiele, Lebens-

mittel, Traditionen und nicht zuletzt Musik und Musikinstrumente. Manche kulturelle Eigenart blieb erhalten, vieles vermischte sich, ebenso wie die Menschen.

Aber gerade diese Mischung von Menschen und die sich gegenseitig befruchtenden Kulturen haben Europa schließlich die ungeheure Vielfalt auf relativ engem Raum beschert, von der heute alle Europäer gemeinsam profitieren können, ohne deshalb ihre ganz spezifischen Eigenarten aufgeben zu müssen.

Es war einmal eine asiatische Prinzessin und ein griechischer Götterkönig ...

In Phönizien (in Asien, dort wo heute die syrische Mittelmeerküste ist) herrschte vor etwa dreitausend Jahren König Agenor über die Städte Tyrus und Sidon.

Agenor hatte eine wunderschöne Tochter, die Europa hieß und viele Verehrer hatte. Selbst der Götterkönig Zeus hatte schon von Europa gehört – und sich bis über beide Ohren in sie verliebt. Nun suchte er nach einer Möglichkeit die Schöne endlich kennen zu lernen.

Eines Nachts hatte die Prinzessin einen seltsamen Traum: Zwei Länder in Gestalt zweier Frauen stritten sich um sie, Prinzessin Europa. Die eine, das Land „Asien“, wollte Europa unbedingt behalten, während die andere, das Land „Gegenüber“, sie auf Befehl des Götterkönigs Zeus aufs Meer hinauszuziehen versuchte.

Als die Prinzessin am nächsten Morgen erwachte, wanderte sie ans Meerufer und pflückte dort Blumen. Dabei hatte sie das seltsame Gefühl, nicht alleine zu sein. Und sie war auch nicht allein:

Zeus hatte nämlich in der Zwischenzeit die göttliche Idee gehabt, sich in einen Stier zu verwandeln. Natürlich nicht in einen ganz gewöhnlichen, sondern in den schönsten Stier, den die Welt bisher gesehen hatte. Der göttliche Stier entstieg nun dem Wasser und trat Europa entgegen. Voller Bewunderung und ohne eine Spur von Angst blickte Europa in die feurig funkelnden Stieraugen. Sie schmückte das mächtige Tier mit einem Blumenkranz und setzte sich fröhlich auf seinen Rücken.

Lachend sagte sie: „Nur die Götter wissen, wo du mich nun hinbringen wirst, mein schöner Stier.“ Das ließ sich Zeus nicht zweimal sagen. Wie im Flug raste der verwandelte Götterkönig mit Europa davon, denn er hatte nur einen Wunsch: Er wollte Europa so schnell wie möglich in einen anderen Erdteil bringen, weit weg von hier, an einen Ort, wo er jederzeit bei ihr sein konnte.

Mutig stürzte der gewaltige Stier sich in die Wellen. Die Reise durch das Meer dauerte einen ganzen Tag und eine Nacht. Unterwegs gestand Zeus der schönen Königstochter seine unsterbliche Liebe: „Ich habe mich nur in einen Stier verwandelt, um dich zu beeindrucken. Sobald wir am Ziel sind, sehe ich wieder aus wie ein Mensch!“ Als sie endlich wieder Land erreichten, wollte Europa wissen, wie dieses Land denn hieße. Zeus, der inzwischen wieder Menschengestalt angenommen hatte, verkündetet glücklich und voller Stolz:

„Geliebte Europa! Dies ist die Insel Kreta und ich bin hier König. Ich will stets für dich sorgen und dich beschützen. Und ein Götterwunsch wird nun in Erfüllung gehen – denn dieser Teil der Erde, der dich aufgenommen hat, soll von jetzt an für alle Zeiten deinen Namen tragen: Europa!“

Europa – eine bunte Mischung aus vielen Kulturen

In Europa ist es möglich, innerhalb ganz kurzer Zeit Länder zu besuchen, in denen die Menschen verschiedene Sprachen sprechen (mindestens 62), unterschiedliche Gerichte verspeisen, vielgestaltige Musik hören, sich andersartig anziehen und anderen Religionen angehören.
Sie nennen sich Franzosen, Deutsche, Italiener, Russen, Finnen, Sami, Dänen, Briten, Iren, Bulgaren, Tschechen, Slowenen, Spanier, Belgier, Niederländer, Schweden, Norweger, Isländer, Albaner, Rumänen, Polen, Ungarn usw.
Zwischen den BewohnerInnen der einzelner Staaten gibt es aber nicht nur Unterschiede, sondern auch viele, viele Gemeinsamkeiten, denn Kultur und Musik haben sich keineswegs an den sich ständig verändernden Staatsgrenzen orientiert: In Schweden zum Beispiel wandert ein Ringlein an einer Schnur durch Kinderhände, in Griechenland wandert ein Taler und tschechische Kinder suchen ebenfalls das Ringlein – die Melodie dazu überschreitet Grenzen und das Spiel ist in vielen Ländern bekannt.
Ob in England, in der Türkei, in Deutschland oder in Schweden: Der Jäger trägt überall zur gleichen Melodie grün und der Bäcker weiß.
In Frankreich backen Kinder „crêpes“, in England „pancakes“, in Österreich „Palatschinken“ und in Deutschland „Pfannkuchen“.
Und Tanzbrücken bauen spanische Kinder ähnlich wie polnische, dänische, ungarische oder griechische Kinder.
Alle zusammen sind sie Europäer – eine bunte Mischung aus vielen verschiedenen Völkern und einem ungeheuren Kultur- und Musikreichtum.

Kleine europäische Musikkunde

Die verschiedenen ethnischen Volksgruppen Europas haben im Lauf der Geschichte eine enorme Anzahl von Musikinstrumenten geschaffen oder in ihren Besitz gebracht:
Zunächst einmal sind da die archaischen Instrumente einfacher Stammesgesellschaften, die ursprünglich für Rituale Verwendung fanden, z. B: Rasseln, einfache Flöten, Holztrompeten, Maultrommeln und Trommeln.
Viele der Instrumente haben sich in den Volkskulturen selbst entwickelt, z. B. Fiedeln, die in den Niederlanden aus Holzschuhen gefertigt wurden. Andere wiederum gelangten aus fernen Kulturen, insbesondere vom Mittleren Osten, nach Europa und wurden hier übernommen.
Die größte Gruppe beinhaltet die aus höfischer Kultur eingeführten Instrumente wie Violine, Klarinette, Kontrabass und Akkordeon, die mehr oder weniger unverändert übernommen wurden. Manches Instrument, das in der Kunstmusik weit verbreitet war, wurde später fast ausschließlich in den Bereich der Volksmusik abgedrängt.
Die riesige Zahl typisch europäischer Volksmusikinstrumente (z. B. Alphorn, Mandoline, Ukulele, Mundharmonika...) übertrifft die der europäischen Kunstmusikinstrumente (z. B. alle klassischen Orchesterinstrumente) bei weitem.
Was Klang- und Formvielfalt betrifft, verfügen die Volksmusikinstrumente über vielfältigere Einsatzmöglichkeiten. Im Gegensatz zu den Instrumenten der Kunstmusik wurden sie größtenteils von der Landbevölkerung in Eigenarbeit hergestellt. Bei Kunstmusikinstrumenten dagegen handelt es sich in der Regel um Erzeugnisse von Fabriken oder Instrumentenbauern, deren Anliegen es war die einzelnen Instrumente auf eine gemeinsame Stimmung zu „tunen".
An den Aufführungen von Kunstmusik nimmt das Publikum lediglich passiven Anteil, während die Volksmusik untrennbar mit Tanz- und Spielaktivität verbunden ist. Sie ist keine lediglich für einen passiven Zuhörerkreis geschaffene „künstlerisch wertvolle" Musik, sondern entsteht in dem Augenblick, wo die SpielerInnen den Drang verspüren sich musikalisch auszudrücken und die Seele klingen zu lassen.
Auch Kindermusik ist ein wichtiger Bestandteil von Volksmusik und wesentlicher künstlerischer Ausdruck und Spiegel von Geistes- und Gefühlsleben eines Volkes.

Großbritannien und Irland – Die Britischen Inseln

In Großbritannien ist alles ein bisschen anders als auf dem europäischen Festland: Die Autos fahren auf der linken Seite, dafür sitzen die FahrerInnen rechts. Man misst in Inches statt in Zentimetern, und durch die unterschiedliche Zeitzone „hinkt" Großbritannien dem europäischen Kontinent immer eine Stunde hinterher.
Die Briten selbst sprechen von Europa als dem Kontinent – gerade so, als gehörten sie gar nicht dazu, obwohl es doch zum europäischen Festland nur ein Katzensprung ist.
Der Großteil der britischen Bevölkerung besteht aus Engländern. Schotten, Waliser und Nordiren bilden dagegen eine Minderheit. Dennoch zeigt Großbritannien mit seinen vier Völkern kulturell recht große regionale Unterschiede.
Die englische Sprache ist Weltsprache Nummer 1 und wird als Fremdsprache in nahezu allen Schulen der Welt gelehrt. Auch in der Welt der Musik spielt die englische Sprache eine führende Rolle.

Spielend Englisch lernen

Was heißt „I dont't know?" – Weiß ich nicht!

Ob play-station, cowboy, blue jeans, gameboy, oder Personal Computer ... – englische Wörter kennen die Kinder schon im Kindergarten.

Werden Kinder bereits früh mit einer „fremden" Sprache konfrontiert, nutzen sie ihre Fähigkeiten, die Tonqualität von Lauten zu erkennen und zu unterscheiden.
Das angeborene Talent, unbekannte Spracheinheiten intuitiv nachzuahmen, verliert sich jedoch in späteren Jahren. Eine Fremdsprache wird dann nicht mehr wie die Muttersprache aufgenommen und in derselben Gehirnregion gespeichert, sondern in einem erst neu zu schaffenden Speicher abgelegt, was den Lernprozess verlangsamt. Aus diesem Grund ist es unbedingt sinnvoll, Kinder bereits in frühen Jahren mit der europäischen Hauptsprache vertraut zu machen. Englische Zahlenspiele, Nurseryreime und einfache Kinderlieder sind passende Schlüssel zum Öffnen des Sprachtürchens.

Englische Worte sprechen – und ins Deutsche übersetzen
Kinder wollen alles ganz genau wissen, z. B. die wörtliche Übersetzung eines englischen Spruches.
Ab dem Lesealter ist es sinnvoll, unter Zuhilfenahme eines Englisch-Deutsch Wörterbuches den Versuch zu wagen, selbst zu übersetzen.
Im Internet finden sich hervorragend aufgemachte Englisch-Sprachkurse, die unter Anleitung durchgeführt werden können. Der große Vorteil dabei ist, dass sich per Internet die Worte als Audio-files hörbar machen lassen. So haben Kinder die Möglichkeit, Klangfarbe und Sprachbetonung genau kennen zu lernen.
Tipp: Selbstverständlich lässt sich diese Methode auch für alle anderen Sprachen anwenden. Abzählreime und einfache Wortspiellieder gibt es in allen Sprachen Europas. In diesem Buch finden sich dazu viele Anregungen.

One, two, three, four ... can I have a little more?

Alter: ab 4 Jahren

Zur Einführung üben die Kinder anhand der ersten zehn Zahlen die englische Aussprache:

one – eins	**two** – zwei	**three** – drei	**four** – vier	**five** – fünf
six – sechs	**seven** – sieben	**eight** – acht	**nine** – neun	**ten** – zehn

Die Spielleitung spricht die Zahlen laut und deutlich vor. Dann skandieren alle gemeinsam.
Nach der Frage „can I have a little more?" wiederholen die Kinder die Zahlen – diesmal etwas lauter!

One, two, buckle my shoe

Kennen die Kinder erst einmal die Zahlen von eins bis zehn, fällt ihnen auch die Aussprache des folgenden lustigen Zahlenreims nicht schwer. Für Erwachsene grenzt es fast an ein Wunder, wie schnell Kinder so einen Reim behalten können.

Die Spielleitung sagt jede Zeile vor. Dann wiederholen alle gemeinsam.

One, two, buckle my shoe	1, 2, schnür' meine Schuh
Three, four, knock at the door	3, 4, klopf an die Tür
Five, six, pick up sticks	5, 6, heb Stöcke auf
Seven, eight, lay them straight	7, 8, leg sie gerad'
Nine, ten, a good fat hen	9, 10, eine gute fette Henne

This old man – Alter Mann

⊙ Nr. 2

Das Lied vom „Knick knack paddy whack“ ist ein in England sehr populäres Singspiel zum Zählenlernen und Mitsingen. Vorschulkinder machen schon begeistert mit und so mancher Erwachsene wird sich über die Sprachbegabung seines Nachwuchses wundern.

Text und Musik: trad., England
Bearbeitung Musik: W. Bender; Text: S. Steffe

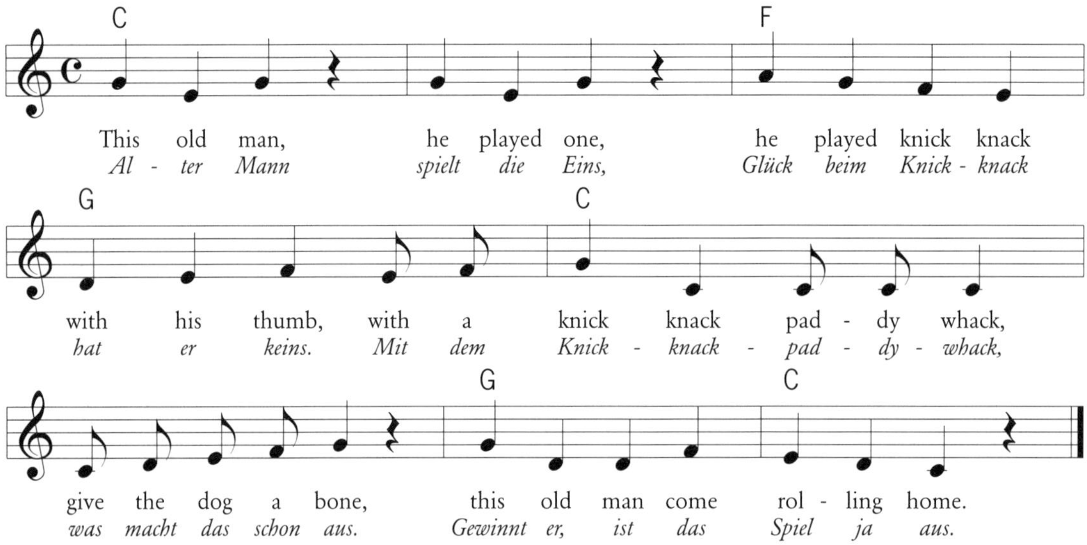

1. This old man, he played one. He played knick knack with his thumb
With a knick knack, paddy whack, give the dog a bone
This old man came rolling home.

2. This old man, he played two. He played knick knack on my shoe
With a knick knack, paddy whack ...

3. This old man, he played three. He played knick knack on my knee
With a knick knack, paddy whack ...

4. This old man, he played four. He played knick knack at my door
With a knick knack, paddy whack ...

5. This old man, he played five. He played knick knack on my hive
With a knick knack, paddy whack ...

6. This old man, he played six. He played knick knack on my sticks
With a knick knack, paddy whack ...

7. This old man, he played seven. He played knick knack up in heaven
With a knick knack, paddy whack ...

8. This old man, he played eight. He played knick knack on my gate
With a knickknack, paddy whack ...

9. This old man, he played nine. He played knick knack on my spine
With a knick knack, paddy whack ...

10. This old man, he played ten. He played knick knack once again
With a knick knack, paddy whack ...

Knick knack-Fingertipping-game

Das Lied vom Knick knack paddy whack existiert in unzähligen Textvarianten. Als Anfeuerungslied für die Fußballspieler des Vereins „Manchester United" taucht es ebenso auf wie als Lobeshymne auf den „x-mas man" (Weihnachtsmann). In englischen Kindergärten wird zu diesem Lied mit Vorliebe das folgende Knick-knack-Fingertipping-game gespielt.

Alter: ab 5 Jahren
Musik: This old man ⊙ Nr. 2

Die Kinder sitzen auf Stühlen in einem Singkreis. Zuerst lernen sie das Lied kennen.

Sobald alle den Text können, kommen die Finger zur pantomimischen Unterstützung mit ins Spiel.

1. This old man
(point to self – mit dem Finger auf sich selbst deuten)
he played one.
(hold up one finger – einen Finger in die Luft strecken)
He played knick knack on my thumb
(forefinger tap thumb of opposite hand – Zeigefinger klopft auf Daumen der anderen Hand)

Refrain
With a knick knack, paddy whack,
(continue tapping – weiter klopfen)
give a dog a bone, this old man
(point to self – auf sich selber zeigen)
came rolling home.
(roll hands over each other – die Hände drehen sich vorwärts umeinander wie das Rollen von Rädern)

2. This old man, he played two, he played knick knack on my shoe
(two fingers tap shoes – mit zwei Fingern auf Schuhe klopfen)
3. This old man, he played three, he played knick knack on my knee
(three fingers tap knee – mit drei Fingern aufs Knie klopfen)
4. ... four ... on my door
(knock forehead – auf die Stirn klopfen)
5. ... five ... on my hive
(wiggle fingers for flying bees – alle Finger bewegen wie fliegende Bienen)
6. ... six ... on my sticks
(tap index fingers – Zeigefinger klopfen gegeneinander)
7. ... seven ... up in heaven
(point skyward – in den Himmel zeigen)
8. ... eight ... on my gate
(knock on imaginary gate – an imaginäres Tor klopfen)
9. ... nine ... on my spine
(tap on backbone – entlang der Wirbelsäule klopfen)
10. ... ten ... knick knack once again
(clap hands – in die Hände klatschen)

Nursery Rhymes – Melodische Verse mit lustigem Inhalt

(engl. nurse: Kindermädchen, Amme / nursery rhymes: Kinderreime, Kinderlieder)

Kinderverse gibt es auf der ganzen Welt: In Afrika und Asien wird das Rechnen ebenso mit Fingerzählversen geübt wie in Belgien, Polen oder Italien. Deutsche und finnische Großmütter wippen ihre Kinder auf der Knieschaukel und auch Abzählreime gibt es in allen möglichen Sprachen. Die Engländer aber waren und sind wahre Meister im Erfinden humorvoller Kinderverse, die „nursery rhymes" heißen. Diese Reime haben in England eine sehr lange Tradition und das Aufsprechen von nursery rhymes in der Gruppe gehört zu den Standardbeschäftigungsangeboten für Vorschulkinder.
Auch eine musikalische Umsetzung der nursery rhymes ist „auf den Inseln" durchaus üblich: Die Worte werden mit einfachen Melodien skandiert, die sich aus dem Versrhythmus wie von selbst ergeben.

Humpty Dumpty sat on a wall

Humpty Dumpty sat on a wall
Humpty Dumpty had a great fall
All the king's horses,
and all the king's men
Couldn't put Humpty together again

Humpty Dumpty saß auf 'ner Mauer
Humpty Dumpty fiel von der Mauer
Weder des Königs Pferde
noch des Königs Mannen
Konnten ihn flicken wieder zusammen.

Hickory, dickory, dock

Hickory, dickory, dock
The mouse ran up the clock
The clock struck one
The mouse was gone
Hickory, dickory, dock

Hickory, dickory, dock
Die Maus rannte die Standuhr rauf
Die Uhr schlug eins
Weg war die Maus
Hickory, dickory, dock

Pussy cat, pussy cat, where have you been?

Pussy cat, pussy cat,
where have you been?
I've been to London
to look at the queen.
Pussy cat, pussy cat,
what did you there?
I frightened a little mouse
under a chair.

Miezekatz, Miezekatz,
wo bist du gewesen?
Ich war in London
um die Queen zu sehen.
Miezekatz, Miezekatz,
was hast du da gemacht?
Hab 'ner kleinen Maus
unterm Stuhl 'nen Schreck eingejagt.

England – Europas Zentrum der zeitgenössischen Popmusik

Geht es um Mode- oder Musiktrends, blickt Europa erst einmal nach England, denn was dort „trendy" ist, setzt sich meist später auch auf dem europäischen Festland durch.
Die Beatles, Rolling Stones, Genesis, Peter Gabriel, Spice Girls oder Robbie Williams etc. haben alle eines gemeinsam: Sie stammen aus England.
Bereits Vorschulkinder trällern voller Begeisterung rein nach Gehör die englischen Refrains aktueller Superstar-Songs, während ihre Eltern verwundert feststellen, dass die Sprösslinge lieber Popmusik hören als hausbacken daherkommende Kindermusikproduktionen. (Ausnahmen bestätigen wie immer die Regel!)
Tatsächlich verfügen Kinderlieder und Popmusik über zahlreiche gemeinsame Eigenschaften: Sie sind schnell eingängig. Die Melodieführung ist recht simpel. Die Refrains sind schlicht und animieren zum Mitsingen.
Was liegt also näher, als Kindern die englische Sprache auch über das Medium Popmusik näherzubringen?

The Kiddys Big-Playback-Musikshow – Musikanimation nicht nur für Teenager

Bei vielen „klassischen" MusikpädagogInnen ist das „Posen" verpönt. In der spielpädagogischen Praxis hat sich das rhythmische Hampelspiel zur Musik aus dem CD-Player jedoch bestens bewährt. Tanzspiele zur Playbackmusik fördern das Rhythmus- und Selbstwertgefühl von Kindern. Voller Eifer erfinden und proben sie Tanzschritte, entwerfen Kostüme und schminken sich trendy-styly-glitzer-scheußlich-schön.

Alter: ab 4 Jahren
Material:
- Musikanlage mit Mikrofoneingang (gibt's ggf. im Musikerfachhandel zur Ausleihe)
- Tanzklamotten, Schminke, ausreichende Beleuchtung (ggf. Diskobeleuchtungseffekte)
- Tanzrequisiten je nach Musikauswahl. Bühnendeko und genügend Raum für das Publikum
- Ein Fotoapparat ist sehr wichtig. Wer im Rampenlicht steht, will auch gesehen werden!

Anmerkung: Aus medienpädagogischer Sicht ist es sinnvoll, die Kinder ihre Show selbst dokumentieren zu lassen.
Musik: nach Wahl (evtl. spezielle Karaoke-CDs zu den ausgewählten Popsongs)

Karaoke für Kinder – Singen mit Playbackmusik

Viele Kinder erleben singende Menschen fatalerweise nur noch über die Medien. Unsere Klangvorstellungen vom menschlichen Gesang haben sich durch Hall, Verdopplungseffekte, Frequenzabmischungen etc. von der Realität weit entfernt. Viele müssen irgendwann die ernüchternde Erfahrung machen, dass die eigene Singstimme nicht mit der medienvertrauten konkurrieren kann. Mit seiner eigenen Stimme wird kein Kind mehr an das durch – unfreiwillige – Hörgewohnheit gewonnene Klangideal heranreichen. Hier gilt es, den Kindern durch Aufklärung über die unrealistische Medien-Gesangswiedergabe hilfreich zur Seite zu stehen: Ja! Es ist schön zu singen und seine Seele klingen zu lassen!

Für die meisten populären Popsongs gibt es spezielle Karaoke-CDs (CD-Fachhandel) bei denen die Gesangsspur einfach fehlt und die Kinder ihre eigene Stimme gut verstehen können.
Wie wäre es mit einem selbst gereimten Text zur populären Melodie (z. B. Rap-Reime oder Hip-Hop-Gesang)? Viele Kinder finden es auch großartig, beim Abspielen gewöhnlicher CDs zur Stimme ihres Stars einfach unisono mitzusingen.

Aus welchem Grund auch immer: Kinder lieben es, aus einer Karaoke-Gesangsaktion einen Karaoke-Wettbewerb zu machen. Mit „Applausmessung“, Bewertung und allem was dazu gehört. (PädagogInnen sollten sich diesem Wunsch nicht entziehen, auch wenn's manchmal schwer fällt!)
Die KünstlerInnen werden in Gruppen aufgeteilt (finden sich meist ganz von alleine), die sich ihren Lieblingshit aussuchen.
Sie singen immer und immer wieder zur Playbackmusik. – Bis alle zufrieden sind und der Show entgegenfiebern ...

Dance girls & boy groups

Zu einer Playback-Musikshow gehört das Tanzen unbedingt dazu. Wer will schon stocksteif auf der Bühne stehen und seinen Song einfach nur singen?
Rhythmusgymnastische Tanzschritte sind schnell ausgesucht. Das Zauberwort heißt Choreografie: alle zusammen im Takt zur Musik.
Für die Kinder heißt es: Üben, üben, üben ...
Anfangs sieht das ganze noch recht staksig aus. Doch mit der Zeit wird's immer besser. Aufgepasst! In manchem Kind schlummert ein meisterliches Tanz- und Bewegungstalent.
Für die PädagogInnen bedeutet das: Fördern, fördern, fördern ...

Luftgitarre - Headbanger

LuftgitarrenspielerInnen sind leidenschaftliche Menschen ohne Scheu. Sie schütteln ihre Körper zur Musik und vollführen einen Veitstanz an der imaginären Gitarre.

Ob Tennisschläger oder Zeichenlineal: Alles was auch nur im entferntesten nach einer Gitarre aussieht, taugt als musikalisches Turngerät. One, two, three, four! Megahart und affengeil. Hauptsache es macht Spaß!
Kinder imitieren liebend gerne Rockgitarristen mit ihren ausdrucksstarken Bewegungen. Ein Heldenpathos umgibt deren imponierendes Gehabe.
Keith Richards (Gitarrist der Rolling Stones) sagte dazu Folgendes: „Wir wollen, dass die Kids unseren Sound hören, sich klasse dabei fühlen und vor dem heimischen Spiegel Luftgitarre spielen ..."
Statt Luftgitarre lassen sich auch Saxofonspiel, Keyboardposing oder Luftschlagzeug nachmachen.
Der Frontman und die Stagediva kreischen um die Wette. Die Band rockt dazu willenlos ab.Yeah!

Verkleiden & Schminken & Vorbereiten der Playback-Show

Vorbereiten der Playback-Show heißt:
- die Bühnendekoration herrichten,
- für passende Beleuchtung sorgen,
- Kostüme aus der Klamottenkiste suchen,
- grelle Schminke auftragen, Perücken besorgen,
- Soundcheck,
- Generalprobe organisieren ...

Für die Durchführung einer gelungenen Playback-Musikshow gibt es keine festen Regeln. Der Geschmack der Kids richtet sich nach dem, was gerade trendy ist. The show must go on!

Schottland – die Highländer Europas

Schottland ist das Land der Spukschlösser, in denen Gespenster um Mitternacht – huiibuu – kettenrasselnd und jammernd durch düstere Gänge huschen. Wer das Pech hat, zufällig keinem Gespenst zu begegnen, der hält eben Ausschau nach dem sagenhaften Ungeheuer von Loch Ness, liebevoll „Nessie“ genannt. Tja. In Schottland, wo Männer in karierten Röcken Dudelsack spielen, ist eben vieles möglich.

My Bonnie is over the ocean – Mein Liebster fährt über die Meere

Nr. 4

Schottischer Kindershanty

Ein traditionelles Lied, das alle Kinder mit Begeisterung singen – und nicht nur in Schottland!

Text und Musik: trad., Schottland
Bearbeitung Text und Musik: G. Geisinger

My Bonnie is over the ocean
My Bonnie is over the sea
My Bonnie is over the ocean
Please bring back my Bonnie to me
Bring back, bring back, o bring back my Bonnie to me, to me
Bring back, bring back, o bring back my Bonnie to me

Last night as I lay on my pillow
Last night as I lay on my bed
Last night as I lay on my pillow
Dreamt that my Bonnie was dead
Bring back ...

Oh blow ye winds over the ocean
Oh blow ye winds over the sea
Oh blow ye winds over the ocean
And bring back my Bonnie to me
Bring back ...

The winds have blown over the ocean
the winds have blown over the sea
the winds have blown over the ocean
and bro't back my Bonnie to me.

Mein Liebster fährt über die Meere
Mein Liebster, ja der fährt zur See
Mein Liebster fährt über die Meere
Und mir tut mein Herz so weh
Bring mir, bring mir, oh bring meinen Liebsten zurück zu mir
Bring mir, bring mir, oh bring meinen Liebsten zurück

Sing a song and clap your hands!

Alter: ab 6 Jahren
Ort: großer Raum oder Freigelände
Musik: My Bonnie is over the ocean, ⊙ Nr. 4

Zuerst lauschen die Kinder der Melodie und lernen den Liedtext, indem sie das Lied gemeinsam ein paar Mal durchsingen.
Ist der Text bekannt, begleiten die Kinder ihren Gesang mit passenden Bewegungen. Dazu gibt es drei Varianten, die sich auch untereinander kombinieren lassen.

Vorschlag 1:
- Beim ersten Wort einer Strophe, das mit dem Buchstaben B beginnt, gehen die SpielerInnen in die Hocke.
- Beim nächsten Wort, das mit dem Buchstaben B anfängt, stehen alle wieder auf.
- Beim nächsten B gehen alle wieder in die Hocke
- ... und stehen beim nächsten B wieder auf – bis das Lied zu Ende gesungen ist.

Vorschlag 2:
- Beim ersten Wort, das mit B beginnt, klatschen alle in die Hände.
- Beim nächsten Wort, das mit B anfängt, verbeugen sich alle.

Und dann wieder klatschen ... und verbeugen – bis das Lied zu Ende ist.

Vorschlag 3:
- Beim ersten Wort, das mit B beginnt, berühren alle SängerInnen ihre Zehenspitzen mit den Händen.
- Beim nächsten Wort, das mit B beginnt, schnippen alle mit den Fingern.

Dann wieder die Zehen berühren ... mit den Fingern schnippen – bis das Lied zu Ende ist.

Tipp: Die Kinder denken sich einen ganz eigenen Bewegungsablauf aus:
in die Luft springen, hinsetzen, auf die Zehenspitzen stellen, mit den Füßen trampeln usw.

Irland – die grüne Insel der Barden, Feen, Elfen und Zwerge

Irland war das einzige und letzte Land in Europa, das bis zu Beginn des Mittelalters vollständig unter keltischer Kontrolle stand. Die Iren denken heute, dass sie die einzigen Nachfahren der Kelten sind. Bis in das 17. Jahrhundert behielten sie Traditionen, Sprache, Religion, Sitten und Bräuche ihrer Vorfahren bei. Heute ist Irland eines der wenigen Länder, in denen die keltische Sprache noch gesprochen wird. Es gibt Dörfer, Städte und Straßen mit keltischen Namen.
Die Kelten verehrten personifizierte Naturkräfte, und nach altem irischen Volksglauben leben bis heute auf der grünen Insel Feen, Elfen und Zwerge, die mit den Menschen Schabernack treiben.
Die Zauberdruiden scheinen verschwunden zu sein, aber Barden gibt es noch, wobei moderne Barden ihre Töne gerne in neuzeitlichen Pubs erklingen lassen: Die irische Folkmusik mit Geige, Akkordeon, Flöte und Gitarre ist in aller Welt bekannt.

Kinder-Nonsens-Auszähl-Reime aus Dublin

ibble – obble
ibble – obble
chocolate bobble
ibble – obble – out

Ecky ocky
Ecky ocky horses cocky
ecky – ocky – out

Ip tip
Ip tip sky blu
Who's it – not you
and out goes you!

Ip a dip
Ip a dip a dation
my operation
how many people were at the station
– five –
one, two, three, four, five

Tin Whistle

Die „Tin Whistle" ist klein, handlich, robust und unscheinbar, passt in jede Tasche und gilt als nicht weniger typisch für irische Volksmusik als Harfe oder Dudelsack.
Die kleine Blechflöte, wegen ihres erschwinglichen Preises auch gelegentlich „Penny Whistle" genannt, ist das musikalische Einstiegsinstrument vieler irischer Kinder.
Ihr hoher markanter Klang ist immer dann zu vernehmen, wenn beim Publikum eine keltisch-romantische Atmosphäre erzeugt werden soll.
In Dublin haben Archäologen mehrere mittelalterliche Vorgängerinstrumente der Whistle (aus Knochen) ausgegraben und in den alten keltischen Sagen soll Aileann, der Anführer der Tuatha de Danann, bereits auf einer magischen Flöte namens Feadan gespielt haben.

Alter: ab 6 Jahren
Material: Irische Messingflöte in D-Dur

Wie der Name Tin Whistle schon sagt, handelt es sich bei diesem Instrument um eine blecherne Flöte. Der Kopf besteht meist aus Plastik. Anders als die bei uns weit verbreiteten hölzernen Blockflöten mit acht Löchern, haben die irischen Flöten nur sechs Löcher, die alle auf der Vorderseite liegen. Die am weitesten verbreiteten Tin Whistles sind in den Tonarten D oder G gefertigt, wobei der Grundton durch das Verdecken aller Löcher entsteht.

Die Grifflöcher der D-Dur-Whistle sind so eng, dass mit Tin Whistles auch jüngere MusikantInnen zurecht kommen. Selbst ohne Notenkenntnisse lässt sich damit von Anfang an musizieren.
Mit Hilfe einer Griffbildtabelle kann zum Beispiel mit 6-jährigen Kindern das Lied vom „Wild Rover“ einstudiert werden. Der Klang der unkompliziert angeblasenen Flöte variiert je nach Anblasstärke zwischen ganz weich und sehr schrill.

Egal, ob es D, G, C oder eine der anderen Tonarten ist, die Griffe sind immer gleich: Alle Löcher geschlossen ergibt den Grundton, und ab da geht es immer mit den gleichen Griffen die Tonleiter hinauf.
Das Wild-Rover Grifftabellenbild sagt hier mehr als Worte ...

The Wild Rover

Musik: trad., Irland

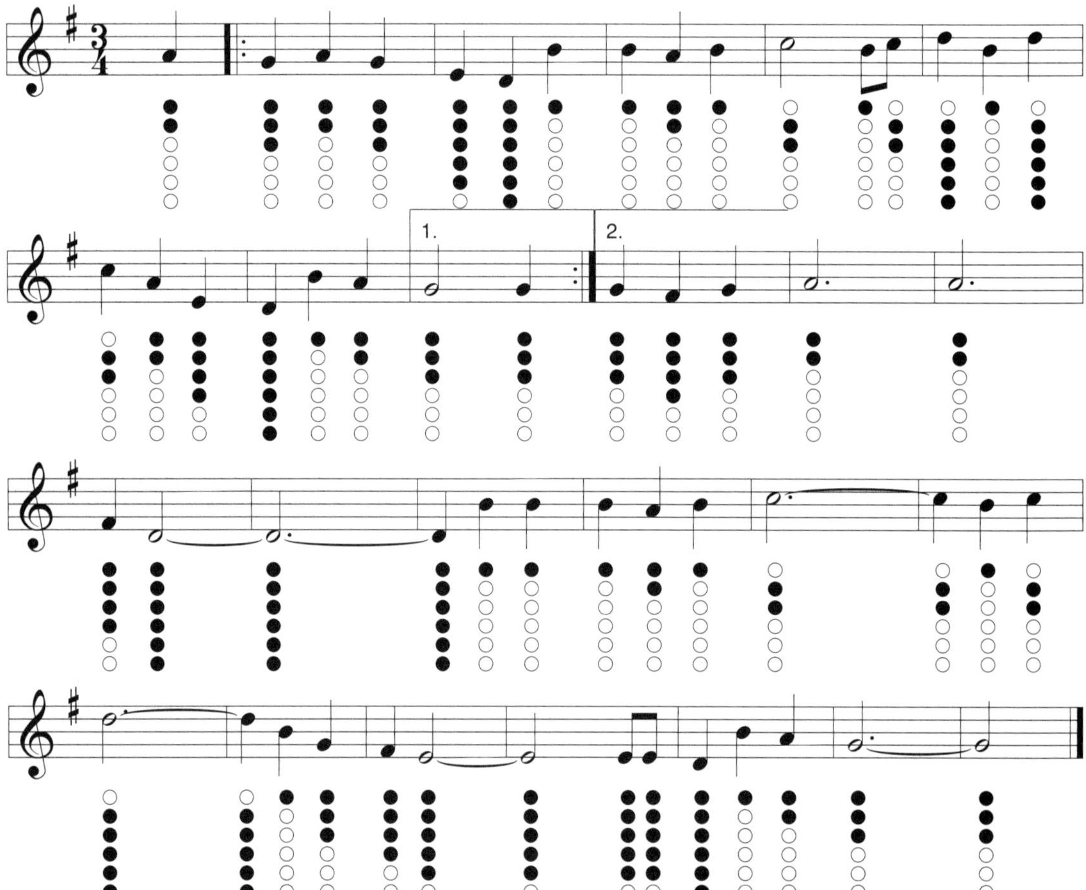

Irish-keltische Dance history

Musik und Tanz wurden bereits vor 2500 Jahren von den Kelten bei ihrer Wanderung durch Europa geprägt. Die Nachfahren der Kelten leben heute in Irland, Schottland, Wales und der Bretagne. Dort werden auch jetzt noch die alten Traditionen wie Sprache, Dichtung, Musik und Tanz gepflegt.
Die ersten konkreten Überlieferungen irischer Tänze stammen aus dem 15. Jahrhundert. Im 16. Jahrhundert kam es zum Krieg zwischen England und Irland, der mit der Niederlage der Iren endete.
Da die Iren immer wieder versuchten Widerstand zu leisten, wurden sie von den Engländern mit allen Mitteln unterdrückt: Irländische Traditionen, zu denen auch Gesang, Musik und Tanz zählten, wurden verboten. Doch die Iren tanzten und musizierten munter weiter – allerdings im Geheimen und hinter verschlossenen Türen.

Irish kid-tabdance – Irischer Kinder-Stepptanz

Tatsache ist, dass viele Kinder in Irland bereits drei- oder vierjährig mit dem Stepptanzen als Sport beginnen. Zwar werden bei den Weltmeisterschaften „Damen“, die über 19 Jahre „alt“ sind, bereits „Senior Ladies“ genannt, dennoch entsteht der Eindruck, dass an dieser Veranstaltung nur Kinder und Jugendliche teilnehmen.
Irish Tabdancing trägt verstärkt dazu bei, eine kontrollierte Körperhaltung und -spannung aufzubauen, schult Rhythmusempfinden, Schnelligkeit, Balance und Leichtigkeit.

Alter: ab 6 Jahren
Material: Steppschuhe (oder sonstige „Klackerschuhe“)
Musik: Irische Instrumentalvolksmusik, z. B. Dubliners, The chieftrains, Clannad ...

One, two, three together

One, two, three together	Eins, zwei, drei zusammen
up together, down together	hoch zusammen, runter zusammen
wibble wobble wibble wobble	wibble wobble wibble wobble
slaps, slap, slaps	slaps, slap, slaps

Tanzanleitung: Gemeinsam hüpfen und nach den Anleitungen des Hüpfverses entsprechende Bewegungen ausführen. Zusammen hochspringen und in die Hocke gehen.

A sailor went to sea – sea – sea

A sailor went to **sea – sea – sea**
to see what he could **see – see – see**
and all what he could **see – see – see**
was the bottom of the deep blue **sea – sea – sea**

A sailor went to **chop – chop – chop**
to see what he could **chop – chop – chop**
and all what he could **chop – chop – chop**
was the bottom of the deep blue **chop – chop – chop**

A sailor went to **knee – knee – knee**
A sailor went to **toe – toe – toe**
A sailor went to **sea – chop – knee – toe**

Tanzanleitung: Beim Klopftanz im Sprechrhythmus mit den Schuhen auf den Tanzboden klackern. Die Klacker erfolgen jeweils auf die Worte, die dreimal wiederholt werden.
Es können unterschiedliche Klacker-Rhythmen erprobt werden:
Durchgängig klackern oder mit der ganzen Sohle stampfen oder bei der dreimaligen Wiederholung über Spitze und Absatz klackern.

Irische Stomptänze: Strut, kick, stomp & step

Stolzieren, kicken, stampfen & schreiten

„Riverdance" und „Lord of the Dance" sind Irische Folklore-Shows in Perfektion. Nebst dem Erlernen verschiedener Irish Dance Schrittkombinationen und dem Erleben der faszinierenden Musik of Ireland, genießen Kinder viele weitere Vorteile im Irish Dance-Training: Schulung der Balance, Straffung der Bein- und Gesäßmuskulatur, Förderung einer guten, gesunden Haltung, Konzentration, Ausdruck, Selbstsicherheit und viel, viel Spaß.
Stepptanz heißt Freude an Rhythmik und schnellen präzisen Bewegungen.

Alter: ab 6 Jahren
Material: ggf. „Klackerschuhe", Tanzbekleidung
Musik: Irische Instrumentalvolksmusik z. B. Dubliners, The chieftrains, Clannad...

Nach ein paar gymnastischen Aufwärmübungen (sich wie ein Hampelmann ausschütteln, wie ein Riese auf Zehenspitzen laufen) geht es los:
Die TänzerInnen stehen aufrecht. Die Arme liegen am Körper an, der Blick ist etwas erhaben nach vorn gerichtet. – So jedenfalls sieht die Grundstellung bei den Iren aus. Wie bei der traditionellen irischen „Rinnce Fada" stehen sich die Paare in zwei Reihen gegenüber.

Toe struts – right and left

(toe = engl. Zehe, Spitzen strut = engl. stolzieren, abstreifen)

1. rechte Fußspitze einen Schritt vor aufstellen
2. rechten Fuß abstellen
3. linke Fußspitze einen Schritt vor aufstellen
4. linken Fuß abstellen
5. rechte Fußspitze einen Schritt vor aufstellen
6. rechten Fuß abstellen
7. linke Fußspitze einen Schritt vor aufstellen
8. linken Fuß abstellen

Kick – kick, trip on place

(kick = engl. Tritt, mit Fuß stoßen trip = engl. trippeln)

1. rechts Kick nach vor
2. Kick
3. rechts Schritt am Platz & links Schritt am Platz
4. rechts Schritt am Platz
5. links Kick nach vor
6. Kick
7. links Schritt am Platz & rechts Schritt am Platz
8. links Schritt am Platz

Stomp & step

(stomp = engl. sta(m)pfen, trampeln step = engl. Schritt)

1. Mit der rechten Ferse zuerst auftippen dann gleich ein stomp (re. Fuß aufstampfen)
2. Mit der linken Ferse zuerst auftippen dann gleich ein stomp (li. Fuß aufstampfen)
3. Rechtes Bein eine halbe Fußlänge vor linkem Bein aufstellen (stomp) & zurück
4. Linkes Bein ein halbe Fußlänge vor rechtem Bein aufstellen (stomp) & zurück
5. rechts Schritt zurück
6. links Schritt zurück
7. rechts Schritt vor
8. links Schritt vor
dann wieder rechte Ferse auftippen, stomp. Linke Ferse auftippen usw.

Benelux: Drei Länder – ein Begriff

Belgien, die N(i)ederlande und Luxembourg bilden gemeinsam die Be-Ne-Lux-Staaten. Bereits 1948 gingen diese drei Länder eine Wirtschafts- und Zollunion ein (BeNeLux). 1957 gehörten die BeNeLux-Staaten zu den Gründungsmitgliedern der Europäischen Wirtschaftsgemeinschaft.

Belgien – Land der Flamen und Wallonen

Quer durch Belgien und mitten durch die Hauptstadt Brüssel verläuft eine Sprachgrenze: Die Flamen sprechen einen holländischen Dialekt, während die Wallonen Französisch parlieren. Wer von beiden die Pommes frites erfunden hat, wird wohl ewig ein Geheimnis bleiben!
Erfunden wurde in Belgien auch eins der heute beliebtesten Musikinstrumente: Das Saxophon. Der Belgier A. Sax konstruierte es 1840 aus Blech mit einem einfachen Rohrblatt (Klarinettenmundstück).
Das Carillon, ein altehrwürdiges Glockenspiel, wurde vom Belgier Jef Denijn wiederentdeckt, nachdem es im Verlauf der Geschichte fast gänzlich in Vergessenheit geraten war.
Asterix, Obelix und der unmusikalische Barde, der bei jedem Fest an einen Baum gefesselt wird, verdanken ihre Enstehung ebenfalls zwei Belgiern.

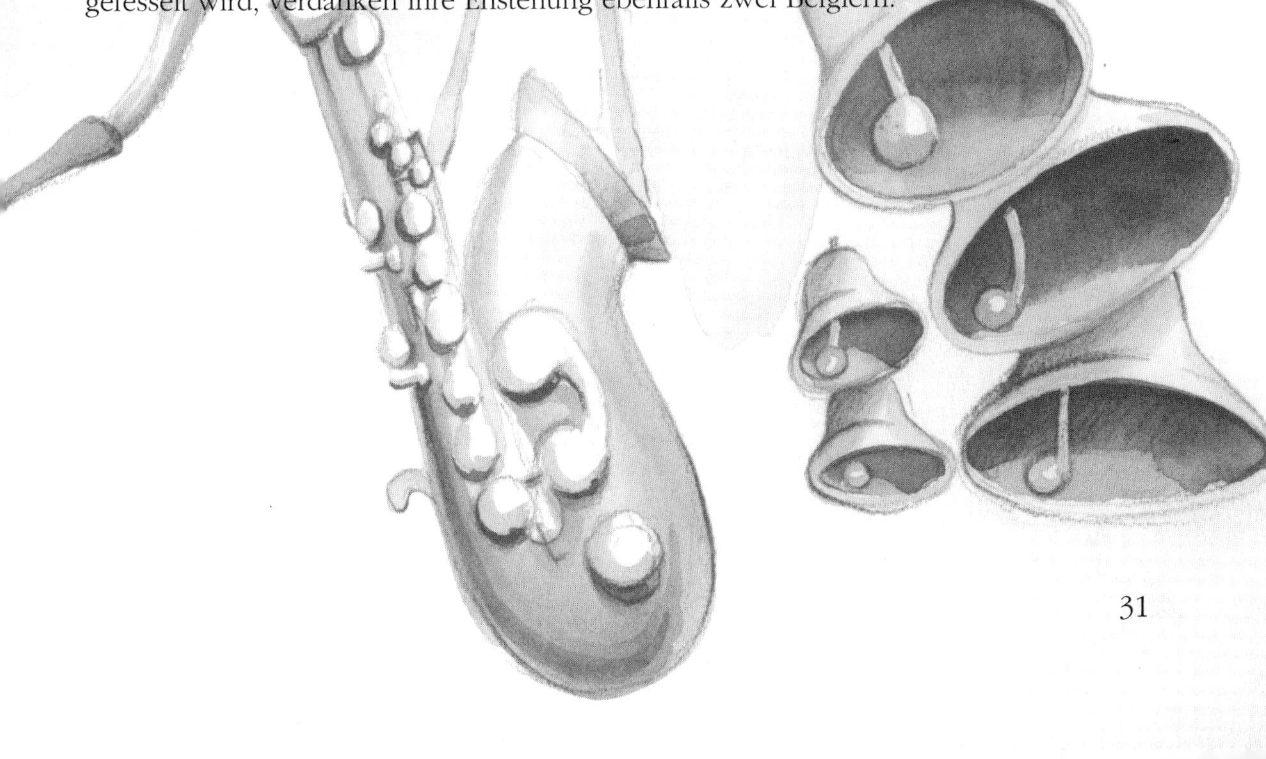

De Zevensprong – Der Siebensprung

Nr. 6

Bei diesem flämischen Tanzlied können auch die Jüngsten sofort mitmachen. Der Liedtext ist verhältnismäßig leicht zu singen. Die Kinder finden schnell Gefallen am Flämischen und amüsieren sich köstlich über all die „lustigen Worte". Haben sie das Lied erst mal gelernt, trällern sie die einfache Melodie noch auf dem Nachhauseweg und hüpfen dabei …
Denn eins ist klar: Hüpfen, hopsen, drehen, springen – das ist wunderbar!

Text und Musik: trad., Belgien
Bearbeitung Text und Musik: G. Geisinger

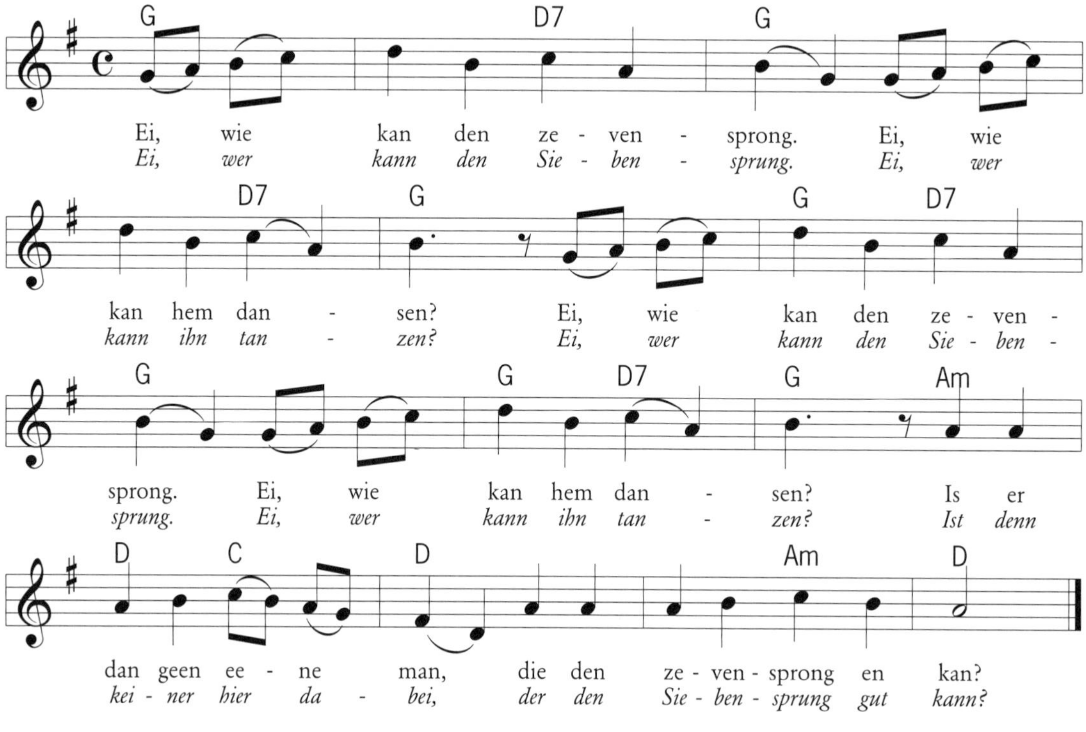

Ei, wie kan den zevensprong.
Ei, wie kan hem dansen?
Ei, wie kan den zevensprong.
Ei, wie kan hem dansen?
Is er dan geen eene man
die den zevensprong en kan?

Dat's eene, zwee, drie, viere,
vijve, zesse, seven

Ei, wer kann den Siebensprung.
Ei, wer kann ihn tanzen?
Ei, wer kann den Siebensprung.
Ei, wer kann ihn tanzen?
Ist denn keiner hier dabei,
der den Siebensprung gut kann?

Der erste, zweite, dritte, vierte,
fünfte, sechste, siebte

Siebensprung-Hüpftanz

Hüpf- und Springspiele sind in Belgien und auch in den Niederlanden weit verbreitet. Mit Stangen über kleine Bäche und Kanäle hüpfen ist dort ein richtiger Volkssport. Aus einer notwendigen Betätigung entwickelte sich ein bewegungsförderndes Kinderspiel. Die Kinder schulen beim Zevensprung nicht nur ihr tänzerisches Ausdrucksvermögen, sondern auch ihr Gedächtnis, da sieben unterschiedliche Tanzfiguren in der richtigen Reihenfolge getanzt werden sollen: een – twee – drie – viere – vijve – sesse – seven!

Alter: ab 5 Jahren
Musik: De Zevensprong ⊙ Nr. 6

Traditionelle Hüpftanzanleitung:

- Alle stehen im Kreis – Blick zur Mitte
- Mit Einsatz der Musik eine Vierteldrehung nach links machen und im „Kinderhüpfschritt“ oder Gehschritt 8 Schritte nach links tanzen.
- Halbe Drehung nach rechts und 8 Schritte nach rechts tanzen.
- Zur Kreismitte wenden und einschaukeln:
  je 1 Nachstellschritt in Tanzrichtung und gegen die Tanzrichtung.
- Am Ende der Reihe nach die angegebenen Sprünge ausführen.

In jeder Strophe kommt ein neuer Sprung hinzu:
1. springen und rechten Fuß nach vorne mit der Ferse aufsetzen
2. springen und linken Fuß nach vorne mit der Ferse aufsetzen
3. springen und mit dem rechten Knie den Boden berühren
4. springen und mit dem linken Knie den Boden berühren
5. springen und mit dem rechten Ellenbogen den Boden berühren
6. springen und mit dem linken Ellenbogen den Boden berühren
7. springen und mit dem Popo auf dem Boden landen

Spring Anneke spring!

Nicht nur Hüpf-, sondern auch Seilspringspiele sind bei belgischen und holländischen Kindern ungemein beliebt: Es ist ja auch ein großartiges Gefühl, rhythmisch zwischen Himmel und Erde zu schwingen und hüpfen. Das regelmäßige Aufspringen regt von ganz alleine dazu an, die Sprünge laut aufzuzählen oder rhythmische Verse aufzusagen.

Alter: ab 5 Jahren
Material: 1 Springseil je Kind, 1 langes Springseil

Beim Anneke-Vers sind die Hüpfbeschreibungen in den Reimen enthalten. Die Kinder lernen zuerst den Vers, dann üben sie das Seilspringen.

1. Durchgang: Die Kinder verteilen sich mit ihren Springseilen im Raum. Alle springen zum Anneke-Vers. Wer auf das Seil tritt, hört auf und bleibt ruhig stehen. Wer zuletzt übrig bleibt, darf im 2. Durchgang zuerst springen.
2. Durchgang: Zwei SpielerInnen drehen das lange Seil. Wer beim 1. Durchgang gewonnen hat, springt in das Seil hinein und springt zum Vers. Nacheinander kommen auch die anderen an die Reihe. Wer den ganzen Vers durchhält, stellt sich hinten wieder an, wer auf das Seil tritt, hört auf und stellt sich an die Seite. Wer am Ende übrig bleibt, darf im 3. Durchgang beginnen.
3. Durchgang: Wer im 2. Durchgang gewonnen hat, sucht sich einen Partner. Jetzt wird in Zweierpaaren gesprungen ... und dann zu dritt ... und dann zu ... – je nachdem, wie viele SpringerInnen die Seillänge zulässt.

Chakke tenen

In spring Anneke, spring in
chakke tenen chakke tenen
kruise beenen, kruise beenen
voorwaarts voorwaarts
achterwaards achterwaards
zijwaarts zijwaarts
een, twee, drie!

Hacke Spitze

Spring rein, Anneke spring!
Hacke Zehen, Hacke Zehen
Beine kreuzen, Beine kreuzen
Vorwärts, vorwärts
Rückwärts, rückwärts
Seitwärts, seitwärts
Eins, zwei, drei!

Der Beertje-Pantomime-Tanz

Der Beertje-Pantomime-Hüpftanz taucht in verschiedensten Formen in ganz Mitteleuropa auf. Das Kindersingspiel vom Tanzbären hat eine lange Tradition, denn auf Märkten waren Tanzbären einst eine beliebte Attraktion. Die Kinder, deren Leben damals nicht eben reich an Zerstreuungen war, waren von den unbeholfenen Tanzbewegungen des gewaltigen Raubtieres wohl so fasziniert, dass sie stets versucht haben, sie nachzumachen. Hier nun die belgische Variante:

Alter: ab 4 Jahren
Ort: großer Raum oder schöner Platz im Freien

Spielanleitung:
- Die Kinder lernen das Beertje-Sprüchlein und üben beim gemeinsamen Aufsagen die rhythmische Vortragsweise.
- Sie bilden einen Tanzkreis.
- Ein Kind wird ausgezählt und geht als „Beertje" in die Kreismitte.
- Die Kreiskinder sprechen den Vers und klatschen dabei rhythmisch in die Hände.
- Das erste Beertje führt seinen Tanz vor: die aufgerufenen Tanzgesten befolgend tappst der „Bär" in der Mitte, bis er am Ende vor einem Kind aus dem Kreis stehen bleibt und von diesem abgelöst wird.

Beertje, beertje draai je eens om	Bärchen, Bärchen dreh dich um.
Beertje, beertje raak de grond	Bärchen, Bärchen berühr' den Boden.
Beertje, beertje was je handen	Bärchen, Bärchen, wasch deine Hände.
Beertje, beertje poet je tanden	Bärchen, Bärchen putz dir die Zähne.
Beertje, beertje pluim op je hoed	Bärchen, Bärchen, Feder auf dei'm Hut.
Beertje beertje sta je goed	Bärchen, Bärchen steht dir gut.

Glockenspiel & Glockenklang: Glockenspiel aus Terrakotta

Die „Brandglocke“ alarmierte die Menschen bei Feuer, die „Totenglocke“ kündigte ein Begräbnis an, beim Läuten der „Abendglocke“ wurden die Stadttore geschlossen, die „Kirchenglocke“ rief zu Gottesdiensten. All diese Glocken wurden früher mit einem Seil in Schwingung versetzt, wobei der Klöppel in ihrem Inneren sie zum Klingen brachte – die Glocke „läutete“.
Wahrzeichen der belgischen Stadt Brügge ist der Belfried. Dieser Stadtturm, Symbol bürgerlicher Unabhängigkeit im Mittelalter, beherbergt eines der berühmtesten Glockenspiele der Welt mit 47 wohltönenden Glocken, die immerhin 27 Tonnen schwer sind.
In Belgien gibt es heute noch eine Glockenspielschule, und das Spiel mit den Glocken wird den Kleinen schon im Kindergarten beigebracht. Aus Terrakotta-Blumentöpfen lassen sich Glockenspiele bauen, die richtig gut klingen. Im Herbst, wenn die Pflanzen vom Balkon genommen werden, ist die günstigste Zeit, diese Gefäße den Winter über zu einem Glockenspiel umzufunktionieren.

Alter: ab 4 Jahren
Material: Terrakotta-Töpfe in verschiedenen Größen, Kordel, 1 dicke Holzperle je Topf

Bastelanleitung:
Je Glocke wird ein Stück Kordel benötigt, das etwa 30 cm länger ist als der Bumentopf.
- Die Kordel durch das Loch im Boden des Topfes ziehen – das Ende muss so weit herausragen, dass die Glocke später an dem Kordelende aufzuhängen ist. Soll die Glocke in der Hand gehalten werden, in das obere Ende einen Knoten machen.
- Im Blumentopf die Kordel mit einem so dicken Knoten versehen, dass sie nicht mehr durch das Loch durchrutschen kann.
- Die Holzperle von unten einfädeln und ebenfalls mit einem Knoten so im Topfinneren positionieren, dass sie als Klöppel an die Topfwand geschlagen werden kann. Das Kordelende sollte so lang sein, dass die Kinder es gut fassen können, wenn sie die Glocken anschlagen.
- Die Tontopf-Glocken der Größe nach aufhängen (an einem Holzgerüst, einem Ast oder einfach an einem Besenstiel, der über zwei Stuhllehnen gelegt befestigt wurde).

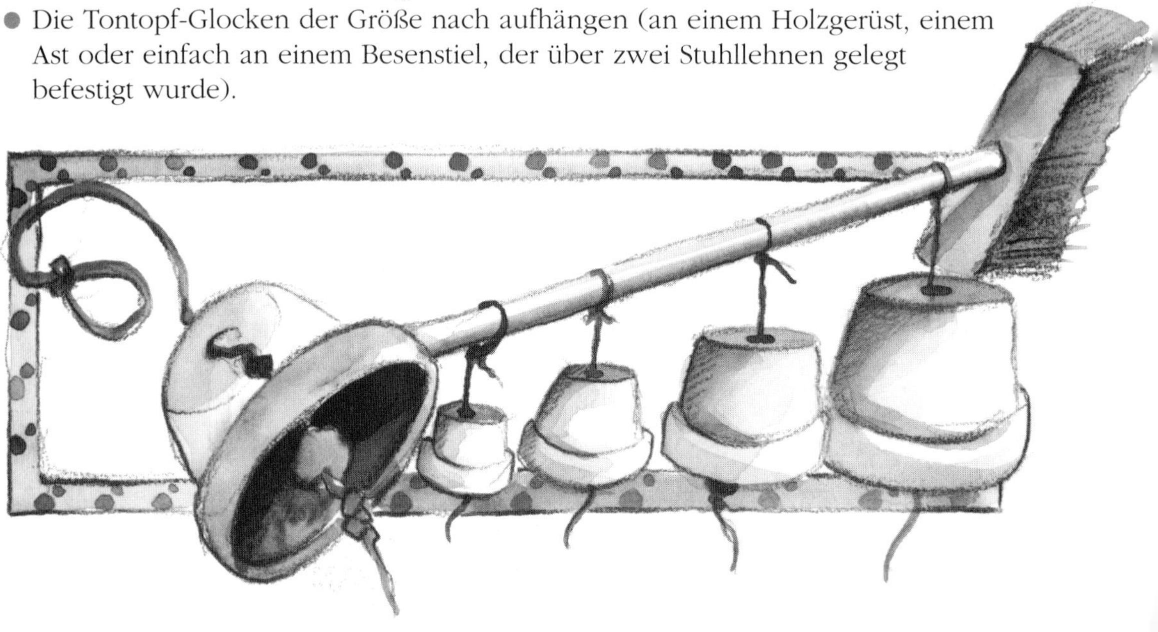

Spielanleitung:
Und jetzt munter drauflosklöppeln: Die großen Tonglocken klingen dunkel und warm, die kleineren Glöckchen heller.

Variante:
Statt der Blumentöpfe Blechdosen verwenden: In den Dosendeckel ein Loch hämmern. Seil durchfädeln, Perle arretieren, zwei Knoten und schon ist die Schepperglocke fertig.

Tipp: Glockeninstallationen eignen sich als Dauerinstallation in Kiga-Einrichtungen. Das Spiel mit den Glocken lässt sich immer wiederholen, ohne dass es langweilig wird.

Ding Dang Dong – Beiern mit den Glocken

Drei Glocken reichen bereits aus, um eine kleine Melodie zu spielen. Diese Spielart wurde in Belgien „Beiern" genannt. Bis heute heißt der Spieler „Beiaardier". In den Niederlanden und in Belgien entwickelte sich bereits im Mittelalter die Tradition des „Beierns".

Alter: ab 4 Jahren (musikalische Früherziehung)
Material: Terrakotta-Glocken, aufgehängt an einem Gerüst

Die Spielleitung liest die Glockenkurzgeschichte vor.
Die Kinder beiern dazu am Glockengerüst: Die Standuhr klingt leise, die Fahrradklingel hell und mächtig tönt die Turmuhr ...

Früh am Morgen steht Pascal auf. Die alte Standuhr im Wohnzimmer hat gerade 7 geschlagen.
(7 monotone Glockenschläge)
Nach dem Frühstück macht er sich auf den Weg zur Schule. Als er auf die Straße tritt, flitzt Marcel mit seinem chicen Rad um die Ecke. Seine Fahrradklingel bimmelt Sturm.
(wildes Gebimmel)
Um Viertel vor Acht kommen Marcel und Pascal auf den Schulhof, die Kirchturmuhr schlägt drei Mal.
(3 kurze Glockenschläge)
„Uff, gerade noch rechtzeitig", stöhnt Pascal, denn schon ertönt zweimal die Schulglocke.
(2 Glockenschläge)
Während der ersten Schulstunden vergeht die Zeit im Zeitlupentempo. Als der Zeiger auf 9 rückt, ertönt die Kirchenglocke. Pascal zählt leise mit.
(9 Glockenschläge)
„Träumst du schon wieder?", fragt ihn die Klassenlehrerin. Doch noch bevor er antworten kann, läutet die Pausenklingel.
(wildes Schlussgebimmel)
Pascal grinst und stürmt mit seinen Freunden aus dem Klassenzimmer.

Multikulturelle Niederlande – „Ik ben een wereldburger"

He kleiner Fratz auf dem Kinderrad
Saust du vorbei wie der Blitz – Flitz
Hermann Van Veen (Clown, Liedermacher, Geschichten-Erfinder)

Die Niederlande sind, wie der Name schon sagt, ein sehr tief gelegenes Land, zum Teil unter dem Meeresspiegel. Das multikulturelle Völkchen scheint vorzugsweise auf dem „fiets", dem Fahrrad durch die flachen Lande zu strampeln. Im Winter ziehen ganze Kinderscharen mit Schlittschuhen los, um ihrem Lieblingssport zu frönen: Unzählige zugefrorene kleine Kanäle laden einfach zum Eislaufen ein.
Auf dem fröhlichen Bild „Kinderspiele" des niederländischen Malers Brueghel ist bereits eine große Auswahl an Kinderspielzeug wie Reifen, Bälle etc. zu sehen: Tatsächlich sind im Land der Holzschuhe viele Kinderspiele erfunden worden. Die berühmten Klompen werden allerdings nur noch bei festlichen Gelegenheiten hervorgekramt. Kinderlieder, Reime und Sprüche fehlen auch in den Niederlanden nicht. Und den Niederländern selbst fehlt es nicht an Witz und Humor.

Een, twee, drie ...

een – eins	**twee** – zwei	**drie** – drei	**vier** – vier	**vijf** – fünf
zes – sechs	**zeven** – sieben	**acht** – acht	**negen** – neun	**tien** – zehn

Een, twee, drie, vier, vijf, zes, zeven
wie moet ik een zoentje geven?

Eins, zwei, drei, vier, fünf, sechs, sieben
Wem soll ich ein Küsschen geben?

Daar vaart een man op zee – Da fährt ein Mann auf's Meer

Nr. 7

Die Niederlande sind in weiten Teilen ein Küstenland. Holländische Kinderlieder thematisieren daher oft das Treiben an Strand und Meer. Und natürlich den Fischfang. Text und Melodie unseres Fischerliedes finden bei kleinen SängerInnen stets großen Anklang .

Musik: trad., Niederlande
Bearbeitung Text und Musik: G. Geisinger

1. Daar vaart een man op zee
Daar vaart een man op de mosselzee
Van je ram plan plan, van je mosselman
Daar vaart een man op zee

2. Wat doet die man op zee ... — Hij vangt daar ene vis
3. Wat doet hij met die vis ... — Hij stroopt hem uit zijn vel
4. Wat doet hij met dat vel ... — Hij maakt daarvan een beurs
5. Wat doet hij met die beurs ... — Hij steekt daarin zijn geld
6. Wat doet hij met dat geld ... — Hij koopt daarmee een kind
7. Wat doet hij met dat kind ... — Hij stuurt dat kind naar school
8. Wat doet dat kind op school ... — Het leert het A-B-mossel-C

1. Da fährt ein Mann aufs Meer.
Da fährt ein Mann aufs Muschelmeer
Heißa, heißa Muschelmeer
Da fährt ein Mann aufs Meer

2. Was macht er auf dem Meer ...	Er fängt dort einen Fisch
3. Was macht er mit dem Fisch ...	Er zieht ihm ab die Haut
4. Was macht er mit der Haut ...	Er macht ein Portemonnaie
5. Für was ein Portemonnaie ...	Er sammelt dort sein Geld
6. Was macht er mit dem Geld ...	Er kauft damit ein Kind
7. Was macht er mit dem Kind ...	Zur Schule muss es gehn
8. Was lernt es in der Schul' ...	Das Muschel-ABC

Tanz mit den Klompenschuhen: Klackertanz – Holzschuhtanz

„Klompen" heißen die Holzschuhe, die viele Niederländer seit fünf Jahrhunderten zum Schutz vor nassen Füßen tragen. Touristen nehmen sich mit Vorliebe so ein Paar als Souvenir mit. Insgesamt drei Millionen Paare stellen die „Klompenmakers" jedes Jahr her.
Klompen gibt es in verschiedenen Ausführungen. Der Klomplaars ist ein wasserdichter Stiefel mit einem Fuß aus Holz, einem Aufsatz aus Leder und einem Band aus Nägelköpfen. Aber es gibt auch Zierschuhe, die fast wie Lederschuhe aussehen – für Frauen sogar mit eleganten hohen Absätzen. Der „Klompenmaker" kennt zahlreiche Geschichten über die unterschiedlichen Holzschuhe, so gibt es den Sonntagsklomp, den Fischerklomp, den Hochzeitsklomp und sogar den Schmugglerklomp.
Klompentänze mit Kindern werden von Trachtengruppen als Volksbrauchtum seit Generationen weitergegeben ...

Alter: ab 4 Jahren (Wer in Klompen laufen kann, fängt alsbald das Klackern an ...)
Material: Klompenschuhe, evtl. Windrädchen
Im Internet gibt's unter dem Suchbegriff „Klompenschuhe" jede Menge Angebote. Oder auf Flohmärkten. Irgendwohin müssen ja die drei Millionen Klompenpaare, die jedes Jahr hergestellt werden, verkauft werden!
Musik: Daar vaart een man op zee ⊙ Nr. 7

Tanzanleitung:
Die Klompendansers (HolzschuhtänzerInnen) gehen in einer Reihe im Entenmarsch hintereinander her.

- Sie gehen betont rhythmisch im Gleichschritt zur Musik: vom Schleichschritt – über Trippelschrittchen – bis zum Klompenstomper (Stampfer) sind alle erdenklichen Schrittfolge-Variationen möglich. (Hüpfen ist schon etwas schwieriger!)
- Sie zeigen dabei eine Hütchengeste (Hände über den Kopf, die Fingerspitzen berühren sich) und wiederholen immer wieder die Gebärde des Hutabnehmens.

Während die Kinder so in der Reihe am Publikum vorbeiwatscheln machen sie kleine Verbeugungen.

Tipp: Beim zweiten Durchgang ein Windrädchen in der Hand halten und schwenken.
Hinweis: Mit dem Geklacker der Klompenschuhe lassen sich natürlich eine Vielzahl von Rhythmus-Stampfspielen ausführen: mit Holzklackern bis zehn klackern, Klompenschuh-Staffellauf, Klompensteptanz ...

Tanzutensilien für Niederländische Kindertänze

Verkleidungen und Trachten müssen nicht immer mit viel Aufwand hergestellt oder teuer eingekauft werden. In Omas Restetruhe, auf Flohmärkten, Dachböden oder im Keller finden sich meist ungeahnte Schätze für das passende Outfit:
Die Mädchen tragen einen einfarbigen oder gestreiften Rock, weiße Bluse, weiße Spitzenschürze und ein zum Rock passendes Halstuch.
Die Jungs tragen weite Hosen – mit einem Gummiband à la Knickerbocker über die Waden gerafft – und eine Weste.
Den typischen Trachtenhut basteln die Kinder aus einem gefalteten Papierhut.
Die Mädchen als „Frau Antje“ nehmen dafür weißes Papier und knicken die Seiten nach außen. Die Jungen als „Herr Kees“ nehmen dunkles Papier und schlagen die Seiten nach innen.

Luxembourg – Europa im Kleinformat

Europa pur in Luxembourg! Im „quartier européen“, dem Europäischen Viertel, tummeln sich europäische Kinder auf dem Schulhof der Europaschule. Das Singen von Kinderliedern in sämtlichen Sprachen der EU-Mitgliedsländer hat dort Tradition. Und das Zusammenleben von Menschen aus vielen verschiedenen europäischen Ländern verläuft problemlos im kleinen Luxembourg. Die gelassenen Luxembourger pflegen unbeirrt ihre eigenen Bräuche, zum Beispiel die kuriose Tradition der Echternacher Springprozession: Jedes Jahr am Pfingstdienstag bewegt sich dort eine Prozession Gläubiger von einem Bein auf's andere seitwärts springend langsam vorwärts. Musikkapellen, die eine mitreißende Marschpolka spielen, begleiten den Zug. Und alle hüpfen im Takt.

Eent, zwee, dräi

eent – eins	**zwee** – zwei	**dräi** – drei	**véier** – vier	**fënnef** – fünf
sechs – sechs	**siwen** – sieben	**aacht** – acht	**neng** – neun	**zeng** – zehn

Péckvillercher – ein Hosentascheninstrument für Kinder

Auf dem alten Fischmarkt der Stadt Luxembourg findet jedes Jahr am Ostermontag das Emais'chen genannte Volksfest statt. Nur an diesem Tag werden die Péckvillercher verkauft. Péckvillercher sind kleine Trillerpfeifen in Form von Tonvögeln und bei allen Kindern heiß begehrt.

Wie hoch pfeift dein Vögelchen

Kuckucksflöten, Lotusflöten, Okarinas und Weidenpfeifchen sind Spielzeug-Musikinstrumente die in jede Hosentasche passen. Sie sind preiswert, leicht zu spielen und als allererstes Instrument von unschätzbarem Wert: Ein promptes Erfolgserlebnis ist garantiert. Ein Ton erklingt! Und die Kinder haben ihn selbst erzeugt.
Bei diesen allerersten musikalischen Lautäußerungen sollte nicht mit Lob gespart werden, selbst wenn's schrecklich klingt. Wer bei seinen ersten musikalischen Versuchen zum Weitermachen ermuntert wird, findet viel leichter Zugang zur Musik.

Alter: ab 3 Jahren
Material: Péckvillercher oder Kuckucksflöten

Die Kinder setzen sich in einen Spielkreis. Reihum lassen sie jeweils einen Flötenton erklingen: Bei jedem Ton muss der Luftstrom angeblasen und wieder gestoppt werden. Dadurch entsteht der Klang.
Bei der nächsten Übung sind es zwei Flötentöne, dann drei, vier ... (das fördert das rhythmische Empfinden).
Jedes Instrument klingt ein bisschen anders. Die Kinder finden mit Hilfe der Spielleitung heraus, welche ihrer Kuckucksflöten höher oder tiefer klingen und setzen sich entspechend im Kreis von hoch nach tief um.
Ein Kind tritt in den Kreis, zeigt in beliebiger Reihenfolge auf die Kinder und lässt dadurch eine Melodie erklingen!

Péckvillercher-Staffellauf

Auch mit Spielzeugflöte und „langem Atem" lässt sich ein langgezogener Ton erzeugen. In „halliger" Umgebung (in Kirchen, gekachelten Räumen, Hallen ...) klingen diese Instrumente am allerbesten!

Alter: ab 3 Jahren
Material: Péckvillercher oder Kuckucksflöten

Die SpielerInnen stellen sich in einer Reihe auf.
Das erste Kind bläst seine Flöte möglichst lange an, damit ein langgezogener Klang entsteht.
Das in der Reihe nachfolgende Kind hat die Aufgabe, mit seinem Flötton direkt (d. h. ohne Pause, aber nicht zu früh!) an den Ton des vorherigen anzusetzen.
Daraus lässt sich ein lustiges Flötenton-Wettspiel veranstalten:
Wer den Ton unterbricht, wird erstes Kind der Reihe, die anderen formieren sich neu.
Gelingt es den Kindern einmal den Ton über die ganze Reihe zu schicken?

Das Péckvillercher-Lauschspiel

Kuckucksflöten ahmen den Laut eines Vogels nach. Bei einer Wanderung, einem Ausflug oder einem Spaziergang bietet das Kuckucksflötenspiel eine willkommene Abwechslung.

Alter: ab 4 Jahren
Material: 1 Kuckucksflöte, Stopp- oder Sanduhr, Freigelände

Vor einem Waldspaziergang teilt die Spielleitung die Kinder in zwei Gruppen auf: die Kuckucke und die Jäger.
Die Gruppe der Kuckucke geht voran, ausgestattet mit einer Kuckucksflöte und einer Stopp- oder Sanduhr. Sie meldet sich alle 60 Sekunden mit einem lauten Kuckucks-Ton.
Einige Zeit später – die Kuckucke sind nicht mehr zu sehen, aber noch eben zu hören – folgen die Jäger ihrer Spur. Sie lauschen den Trillertönen und bestimmen so die Richtung ihres Weges. Gelingt es ihnen die Kuckucke aufzuspüren?

Tipp: Spiele mit Einton-Flöten lassen sich nicht nur mit Kuckucksflöten veranstalten. Eine hervorragende Alternative bieten Orgelpfeifen, die es in allen Größen und Varianten gibt. Erkundigen Sie sich bei den entsprechenden kirchlichen Institutionen, wann und wo eine Kirchenorgel renoviert wird. Bei dieser Gelegenheit gibt es meistens günstige Angebote. Die großen und tiefen Orgelpfeifen faszinieren Kinder durch ihren dunklen, warmen Grundton. Mit den kleinen Pfeifen lassen sich piepsige Signallaute erzeugen. Das Erzeugen, Erkunden und Kennenlernen von einfachen Pfeifchen kann für das musikalische Empfinden von Kindern durchaus prägend sein.

Frankreich – Land der Troubadoure und Chansons

Frankreich ist eine kulturelle Schatztruhe voll musikalischer Perlen: Chansons und Opern, klassische Konzerte, Rock und Pop, Schlager, Protestsongs, Kinderlieder und Volksweisen treffen auf offene französische Genießer-Ohren. Sorgsam pflegen die traditionsbewussten Franzosen auch ihre regionalen Bräuche, Lieder und Tänze.
Am 14. Juli, dem Nationalfeiertag, ist das ganze Volk auf der Straße und schmettert die weltberühmte Nationalhymne „La Marseillaise". Aber auch französische Kinderlieder wie „Frères Jaques" oder „Sur le pont d'Avignon" sind weit über die französischen Grenzen bekannt. Manche dieser Liedtexte sind für unsere Begriffe recht skurril, z. B: „Alouette, gentille alouette". Da wird dem Lerchenvogel zur schönen Melodie verkündet, wie man ihn zu rupfen gedenkt. Doch im Gegenzug graust es vielen Franzosen vor deutschen Märchen ... – Ja, wieso denn nur?

le boeuf – der Ochs
la vache – die Kuh
fermez la porte – die Tür macht zu
(Gassenhauer-Kindervers)

Un, deux, trois ...

un – eins	**deux** – zwei	**trois** – drei	**quatre** – vier	**cinq** – fünf
six – sechs	**sept** – sieben	**huit** – acht	**neuf** – neun	**dix** – zehn

Un kilomètr' à pied – Ein Kilometer laufen

⦿ Nr. 9

In Frankreich wird eifrig gewandert. Es gibt ja auch viel zu entdecken in diesem schönen Land! Das folgende „Ketten-Kehrreim-Lied" kennen aus gutem Grund alle französischen Kinder: Es wird traditionell bei Spaziergängen, Wanderungen und Ausflügen gesungen (bzw. gegrölt) – vor allem zur Aufmunterung, wenn die Kleinen müde sind und nicht mehr weitergehen wollen. Und das Beste: es funktioniert!

Text und Musik: trad., Frankreich
Bearbeitung Musik: W. Bender; Text: S. Steffe

Un kilomètr' à pied, ça use, ça use,	Ein Kilometer laufen, das spürst du, das spürst du
un kilomètr' à pied, ça use les souliers.	Ein Kilometer laufen, das spürt auch dein Schuh
Encore un kiki, un kilolo, un kilolo-mètre,	Einen Ki- und noch 'nen Kilo-, Kilometer laufen,
encore un kiki, un kilolo-mètre de passer	Einen Kilometer, ja das schaffst du ganz bestimmt

Deux kilomètr' à pied; ça use, ça use ... — Zwei Kilometer laufen, das spürst du ...
Trois kilomètr' à pied ... — Drei, Kilometer laufen ...
Quatre, cinq, six ... — Vier, fünf, sechs ...

Die Kinder stapfen während des Singens mit ihren Füßen fest auf. Mit solchen „frappes" (Stampfschrittchen) läuft es sich im Gleichschritt fast wie von selbst.

Meunier, tu dors! – He, Müller wach auf!

Nr. 10

Mühlen-Spiel- und -Singlieder gibt es in Frankreich jede Menge, aber auch in Belgien, Holland, Deutschland, Spanien und ... Kein Wunder: Das Getreide, als eines der Hauptnahrungsmittel der Europäer, musste jahrhundertelang mit Hilfe von großen Mühlrädern gemahlen werden. In einer Mühle dreht sich der Mühlstein immer im Kreis. Kindertänze, -spiele und -lieder, die von Mühlen handeln, sind also immer Kreisbewegungsspiele.

Text und Musik: trad., Frankreich
Bearbeitung Text: H. E. Höfele; Musik: D. Ferber

Meunier, tu dors, ton moulin va trop vite	He, Müller wach auf, deine Mühle geht schneller
Meunier, tu dors, ton moulin va trop fort	He, Müller wach auf, deine Mühle geht zu schnell
Ton moulin, ton moulin va trop vite	Deine Mühle, deine Mühle dreht zu schnell
Ton moulin, ton moulin va trop fort	Deine Mühle, deine Mühle dreht zu schnell

In Verbindung mit dem Mühlenkreistanz ist dieses Lied ein riesiges Vergnügen.
Die Kinder singen das Lied immer schneller und schneller ...
Dazu drehen sie sich wie die Mühlenflügel mit ausgebreiteten Armen im Kreis herum.

Le jeux du moulain – Das Mühlenspiel

Le moulain – die Mühle: Dieses musikalische Kinderbewegungspiel wird in Frankreich und in vielen anderen Ländern Europas gespielt, zum Beispiel in Spanien, Deutschland, in Österreich, in Luxemburg, in Dänemark und in Belgien.

Alter: ab 4 Jahren
Musik: Meunier, tu dors! ⊙ Nr. 10

Kreuzmühle

Der Klassiker

Die Kinder gehen zu zweit zusammen. Die Pärchen stellen sich einander gegenüber auf, die Füße eng beisammen, und fassen sich über Kreuz an den Händen. Sie gehen mit dem Oberkörper zurück und drehen sich erst langsam, dann immer schneller zur Musik.
Dazu singen sie das Lied vom schlafenden Müller, der endlich aufstehen soll, weil sich seine Mühlräder schnell und immer schneller drehen. Erst in die eine – dann in die andere Richtung.

Knotenmühle

Eine echte Windmühle hat nun mal vier Flügel!

Die Kinder bilden Vierergruppen.
Jedes Kind packt mit der rechten Hand das rechte Handgelenk seines links stehenden Nachbarn (s. Abb.).
So entsteht der Mühlenknoten.
Die Mühle dreht sich zum Lied erst langsam, dann immer schneller, erst in die eine – dann in die andere Richtung.

Riesenmühle

Und die Mühlenflügel werden immer länger ...

Eine Vierergruppe bildet die Knotenmühle wie oben beschrieben. Vier weitere TänzerInnen fassen jeweils einen „Mühlenflügel" an der Schulter oder packen ihn am freien Handgelenk.
Die Nächsten fassen wiederum an deren Schultern usw.
Je mehr TänzerInnen, desto länger die Mühlenflügel.
Die Mühle dreht sich zum Lied erst langsam, dann immer schneller ...

La dance du moulain – Der Mühlentanz

Größere Kinder tanzen zum Lied vom schlafenden Müller den Mühlentanz.
Ist nicht schwer, sieht gut aus und macht Spaß!

Alter: ab 6 Jahren
Musik: Meunier, tu dors! ⊙ Nr. 10

Es bilden sich zwei Gruppen: Eine Gruppe ist „die Mühle", die andere tanzt die „Mühlenflügel".
Die „Mühle"-TänzerInnen fassen sich an den Händen und bilden einen Tanzkreis – die Mühle.
Die „Mühlenflügel" greifen mit ihrer Hand immer genau an die Stelle, an der zwei „Mühlen-TänzerInnen" sich im Kreis anfassen.

1. **Die Mühle dreht sich:** Der ganze Kreis läuft links herum, die „Mühlenflügel" halten sich mit der rechten Hand an der „Mühle" fest, laufen mit und strecken den linken Arm heraus.

   Stopp: Alle bleiben stehen und drehen sich zur Kreismitte.

2. **Die Mühle dreht sich weiter:** Der ganze Kreis läuft rechts herum, die „Mühlenflügel" halten sich mit der linken Hand an der Mühle fest, laufen mit und strecken den rechten Arm heraus.

   Stopp: Alle bleiben stehen und drehen sich zur Kreismitte.

3. **Die Mühle dreht sich weiter:** Die Mühlenkinder klatschen, die „Mühlenflügel" laufen durch die Zwischenräume in das Kreisinnere.

   Stopp: Alle bleiben stehen und drehen sich zur Kreismitte.

4. **Die Mühle dreht sich weiter:** Die Mühlenkinder klatschen, die Mühlenflügel laufen durch die Zwischenräume nach außen – und alle bilden wieder die erste Mühlenformation.

Le Carneval des animaux – Der Karneval der Tiere

Camille de Saint-Saëns komponierte bereits im Jahr 1886 den „Karneval der Tiere". Das Stück wurde jedoch erst nach seinem Tod offiziell uraufgeführt, da der Komponist befürchtete, durch dieses Werk nicht mehr ernst genommen zu werden. Le Carneval des animaux ist nämlich nicht nur die humorvolle Darstellung verschiedener Tiere, sondern auch eine Verulkung bekannter Melodien seiner Komponisten-Kollegen. Der lautmalerische Charakter dieses Stückes ist besonders geeignet, Kindern einen erlebnisorientierten Zugang zur klassischen Musik zu ermöglichen: Gackernde Hennen (Geigen), klappernde Fossilien-Knochen (Xylophon), der Kuckuck (Klarinette), der Schwan (Cello), der Vogel in der Volière (Flöte), oder das hüpfende Känguru (Klaviere) bieten viel, viel Raum für tänzerisches Spiel.

Alter: ab 5 Jahren
Material: Tanzbekleidung bzw „tierische" Verkleidung
Musik: Le Carneval des animaux

Ablauf:

- Eine AnsagerIn präsentiert die musikalischen Tiermotive. (Ansagetext: normal)
- Die entsprechende Musik wird eingespielt. (Musiktitel: fett)
- Die Kinder tanzen, bzw. bewegen sich entsprechend den Vorgaben. (Spielanleitung: *kursiv*)

Die TänzerInnen können alle gemeinsam auftreten und die jeweiligen „tierischen Kompositionen" mit Gestentänzen veranschaulichen oder es treten jeweils einige Kinder in entsprechender Tierverkleidung (Kostüme und/oder Masken) auf.

Die Musik setzt ein: Die Tanzkinder betreten die Bühne.

„Ihr lieben Leute, aufgepasst!
Zum Karneval der Tiere, hereinspaziert! Denn gleich geht's los.
Zuerst kommen die Löwen.
Der Löwe, wie ihr alle wisst, der König aller Tiere ist!"
1. Königlicher Marsch der Löwen – Marche royale du lion
Königlicher Gang, stolze Gebärden, Fauchen und im Kreise schreiten.
Das von den Geigen getragene würdevolle Schreiten im „Königlichen Marsch der Löwen" mit den „Vordertatzen" nachahmen.

„Die Hühner, sie gackern. Sie giggern und staksen.
Sie picken ein Korn. Dann ein Schritt nach vorn.
Der Hahn scharrt im Sand und kräht – aber wie! – laut sein stolzes Kikeriki!"
2. Hühner und Hähne – Poules et coqs
Staksige Schrittchen, Hand vor dem Mund zu einem Schnabel geformt und dazu „Pickgebärden".

„Jetzt Hoppeldihopp! Im Eselsgalopp.
Die Hufe sie klappern ihr Klickediklack!
Manege frei! Mit Eselsgeschrei.
I-aaa!, I-aaa!"

3. Wilde Esel – Hémiones

Ein wilder Eselsgalopp im Kreis mit viel Eselsgeschrei und Bocksprüngen.

„Ihr Panzer ist schwer. Sie trottet daher.
Sie glotzt in die Ferne und reckt ihren Hals.
Die Schildkröte kennt keine Geschwindigkeit.
Sie hat ja auch jede Menge Zeit."

4. Schildkröten – Tortues

Der Tanz wird zunächst flott, dann im Schneckentempo getanzt: Unter der imaginären Last des Schildkrötenpanzers bewegen sich die Kinder im Zeitlupentempo.

„Sie zotteln und wiegen sich mächtig und schwer.
Und tapsen gemütlich im Kreise umher.
Sie wiegen die Rüssel und kauen das Gras.
Das macht den friedlichen Riesen Spaß."

5. Der Elefant – L'éléphant

Mit den Händen einen Elefantenrüssel formen und mit wiegenden Schritten im Kreise gehen.

„Boing, boing, hüpft das Känguru.
In einem fort und immerzu.
Es hüpft und hüpft und hüpft. Nanu?
Wohin hüpft denn das Känguru?"

6. Kängurus – Kangourous

Mit weiten Hopsern wie die Kängurus im Kreise hüpfen.

„Es schwimmen im Wasser im Kreis nun herum. –
Die Fische im Aquarium.
Sie wedeln die Flossen und sind völlig stumm. –
Die Fische im Aquarium."

7. Das Aquarium – L'aquarium

Mit angewinkelten Armen Flossenbewegungen ausführen. Mit anmutigen Bewegungen die hellen Glitzerpassagen der Klaviere darstellen. Einige Kinder pusten Seifenblasen über die Szene.

„Mit riesigen Ohren, die lauschend sie stellen,
horchen sie nach den Flöten, den hellen.
Huch! Kennt ihr ihn schon?
Den piepsigen Ohrenlauschflötenton."

8. Persönlichkeiten mit langen Ohren – Personnages à longues oreilles

Die Streicherklänge mit Lauschgesten darstellen. Bei jedem Flötenpiep „erschrecken".

„Kuckuck – Kuckuck – schallt's aus dem Wald.
Ein Echogesang – erst kurz und dann lang.
Kuckuck – Kuckuck!"

9. Der Kuckuck – Le coucou au fond des bois

Im gemäßigten Schritttempo laufen. Bei jedem „Kuckuck" die Laufrichtung wechseln.

„Piep-Piep – Tirrili. Tagein und tagaus.
So zwitschert's vergnüglich im Vogelhaus.
Getriller, Geträller, noch lauter und schneller.
Mit Flöten, die klingen wie Vögel, die singen."

10. Das Vogelhaus/dieKolibris – Volière

Im aufgeregten Flattertanz flitzen die Kolibri-Kinder kreuz und quer über die Tanzfläche.

„Die Pianisten an den Kasten
mit den schwarz und weißen Tasten.
Sie klimpern mal rauf und dann wieder runter.
Ihr Spiel stimmt uns heiter, froh und munter."

11. Die Pianisten – Les pianistes

Mit Klaviertasten-Trippelschrittchen das Pianospiel in Szene setzen.
(Seiner Tierlaut-Parodie hat Camille Saint-Saëns die Gattung der „schlechten Pianisten" hinzugefügt. Da gilt es, Tonleitern zu üben, immer wieder. Rauf und runter ...)

„Die Fossilien, das weiß jeder, lebten einst vor langer Zeit.
Wecken wir sie neu zum Leben.
Keiner steht mehr still. Jeder tanzt so wie er will."

12. Die Fossilien – Fossiles

Lustiger Reigen: zu den Xylophonklängen kleine Twist-Hüpfer aufführen.
(In die „Fossilien" hat Saint-Saëns sechs Schlager seiner Zeit eingebaut. Eine dieser Melodien stammt aus einer seiner früheren Kompositionen, dem „Danse macabre", der mit klappernden Fossilien-Knochen (Xylophon) instrumentiert wird.)

„Majestätisch segelt am Ufer entlang:
Ein schneeweißer, stolzer, prächtiger Schwan.
Er gleitet gemächlich und spiegelt sich.
Im Wasser die Wellen, die wiegen sich."

13. Der Schwan – Le cygne

Zu den sanften Klängen von Streicher und Klavier stolz über den Tanzboden gleiten.

„Das war's liebe Leute. Und jetzt das Finale.
Im Kreis tanzen alle – und dann ist es aus.
Wir freuen uns auf euren Schlussapplaus!"

14. Finale – Final

Schlusskreis und Verabschiedung.

E viva Espagna – Spanien lebe hoch

Das sonnige Spanien liegt auf der Iberischen Halbinsel. Über die schmale Straße von Gibraltar ist es nur ein Katzensprung bis nach Afrika. Nicht von ungefähr richtet sich daher der Lebensrhythmus der Spanier eher nach mittäglicher Siesta als nach mitteleuropäischer Hektik. Wenn die Spanier dann abends spät ausgehen, ist der Nachwuchs mit dabei, darf zwischen den Erwachsenen herumrennen und nach Herzenslust spielen: Wenn's mal lauter wird – egal! – so sind sie eben, die Kinder: der Stolz ihrer Eltern, temperamentvoll und auf dem besten Wege feurige SpanierInnen zu werden. Olé!

Und was spielen die Kleinen? Da sie meistens draußen sind, jede Menge Klatsch-, Hüpf- und Pflasterspiele, oft in Verbindung mit Reimen oder Liedchen. Und wo das Meer ist, am Strand, im Wasser, mit Sand ...

Eine ganz wichtige Rolle spielt die Musik in Spanien bei der Begleitung beliebter Tänze. Einer davon ist weltberühmt. Wer kennt ihn nicht, den atemberaubenden Flamenco?

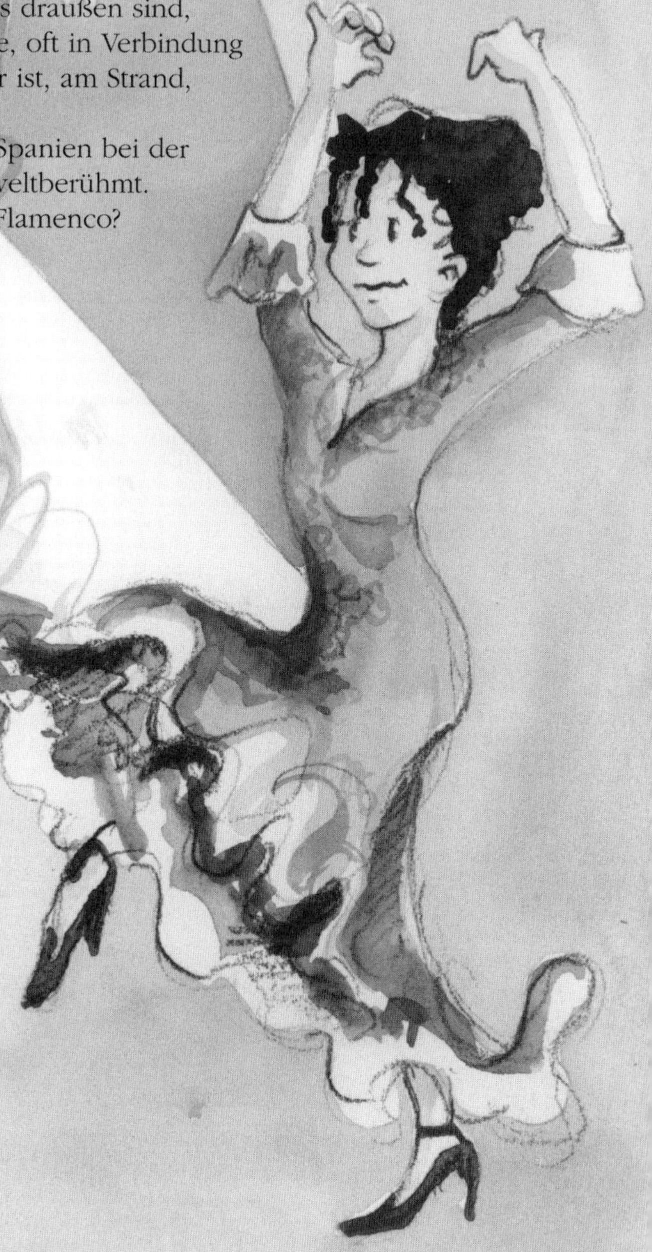

Uno, dos, tres ...

uno – eins	**dos** – zwei
tres – drei	**cuatro** – vier
cinco – fünf	**seis** – sechs
siete – sieben	**ocho** – acht
nueve – neun	**diez** – zehn

Cuatro Patas	Vier Pfoten
tiene un gato	hat eine Katze
una, dos, tres, cuatro	eins, zwei, drei, vier

Entrar, entrar – Salir sin tocar

In Spanien lacht die Sonne oft vom Himmel und alle Kinder toben bis in die Nacht draußen herum. In vielen Wohnungen ist es zu stickig, schwül und außerdem zu eng zum Spielen. Auf der Straße oder in den Hinterhöfen springen die Kinder zum folgenden Hüpfvers rhythmisch Seil oder sie hüpfen geschickt auf einem Fuß von einem Pflasterstein zum nächsten oder ...

Alter: ab 4 Jahren
Material: Luftballon, Seifenblasen-Set, Hüpfseil, Gummi-Twistgummi, Pflastersteinuntergrund

Die SpielerInnen üben gemeinsam das rhythmische Aufsagen des spanischen Sprachreims: in gemäßigtem Takt, dann etwas schneller und schließlich in rasantem Tempo.

Al fin Serafin – La trompeta y el violin
Entrar, entrar – Salir sin tocar

Wörtliche Übersetzung:
Zum Schluss Serafin. – Die Trompete und die Geige.
Herein, herein. – Heraus ohne zu berühren.

1. Den Vers langsam und bedächtig aufsagen, dazu Bewegungen wie in Zeitlupe. Einen großen Luftballon begleitend zum Sprachrhythmus von SpielerIn zu SpielerIn werfen, ohne dass er den Boden berührt.
2. Zwischen den Sprechzeilen Seifenblasen in die Luft pusten. Mit sanftem Pusten die schillernden Seifenblasenkugeln möglichst daran hindern, den Boden zu berühren und zu zerplatzen.
3. Hüpfseil zur Hand nehmen und im Seilspringrhythmus sprechen und hüpfen: der Sprachrhythmus wird automatisch schneller.
4. Den Twistgummi zwischen zwei Stühle (oder 4 Kinderbeine) spannen. Zum Vers einfache Gummitwistfiguren tanzen.
5. Das Spiel in der Originalversion: Rhythmisch zum Hüpfvers auf einem Fuß von Pflasterstein (Marmorplatte, Sandsteinpflaster ...) zu Pflasterstein hüpfen, wobei die Randbegrenzung einer Platte nicht berührt werden darf. Kinder entwickeln bei diesem Spiel eine unermüdliche Ausdauer und jeder gepflasterte Weg wird kurzerhand zum „Hüpfweg“ erklärt.

Popeye Marinerito – Der kleine Seemann

Popeye ist zwar kein waschechter Spanier, aber dafür ein weltbekannter Seemann: Grund genug für spanische Kinder, ihm das folgende Klatschspiel zu widmen. Ein deutsches Mädchen, das in Madrid lebt, hat es uns beigebracht. Am einfachsten lernt es sich Zeile für Zeile, bis der Text im Gedächtnis gespeichert ist. Der Spielablauf, der nicht so ganz einfach ist, prägt sich Silbe für Silbe ein. Bemerkenswert ist die Ausdauer, die die SpielerInnen entwickeln, wenn der Groschen erst mal gefallen ist. Sie scheinen der ewigen Wiederholung niemals überdrüssig zu werden. Um des lieben Reimes willen haben wir eine freie Übersetzung gewählt.

Alter: ab 6 Jahren

Popeye Marinerito – to
no sabe tocar el pito – to
y yo que lo sé tocar – car – car
no me lo quería dar – dar – dar
un día me lo dejo – jo – jo – jo
al rio se me cayo – yo – yo
el pobre marinerito – to
sin pito se me quedó

Popeye heißt der Seemann – mann
der nicht pfeifen kann – kann – kann
Und mich, der ich es kann – kann – kann
lässt er niemals ran – ran – ran
Gibt mir die Pfeife doch – doch – doch
da fällt sie in ein Loch – Loch – Loch
Armer kleiner Seemann – mann
Steht ohne Pfeife dann

Zwei SpielerInnen stehen sich gegenüber und klatschen auf die Silben:
1. Hände vorstrecken (linke Handfläche zeigt nach unten, rechte nach oben). Die Hände auf und ab gegeneinander klatschen.
2. Die Hände aufrecht Handflächen gegen Handflächen klatschen
3. In die eigenen Hände klatschen und die Fingerspitzen der PartnerIn berühren
4. Die gefalteten Hände mit dem linken Handrücken gegeneinander klatschen
5. Rechte Hände oberhalb der linken Hände zusammenklatschen
6. In die eigenen Hände klatschen
7. Linke Handrücken gegeneinander klatschen – Rechte Hände fassen sich an (wie beim Handgeben)
8. Rechte Hände bleiben gefasst – Linke Hände fassen sich unten drunter an
9. Rechte Hand auf rechten Oberschenkel klatschen
10. Rechte Hände aneinanderklatschen – Linke Hände fassen sich an
11. Linke Hände bleiben gefasst – Rechte Handrücken klatschen hin – her
12. Rechter Arm hoch, mit den Fingern schnipsen

Und dann zu den folgenden Silben das ganze wieder von vorne ...

Für Kleinere:
Zu jeder Silbe abwechselnd in die eigenen Hände, in die des Partners und auf die Oberschenkel klatschen. Dann wieder in die eigenen Hände etc.

La mar estaba salada

Nr. 12

Die spanischen Küsten locken Millionen Badehungrige an ihre Strände. Und das Meer ist salzig – ja, salzig ist das Meer. Vielleicht hat ja einst ein stolzer Spanier ordentlich Meerwasser geschluckt und dieses Ereignis zum Anlass genommen das folgende Lied zu erfinden, das in der bekannten „Drei-Chinesen mit dem Kontrabass-Manier" gesungen wird: Mit den Vokallauten (a, e, i, o, u) werden die einzelnen Worte in den jeweiligen Strophen lustig verfremdet.

Text und Musik: trad., Spanien
Bearbeitung Text und Musik: D. Ferber

La mar estaba salada ... con la „a"
Le mer estebe selede ... con la „e"
Li mir istibi silidi ... con la „i"
Lo mor ostobo solodo ... con la „o"
Lu mur ustudu suludu ... con la „u"

Das Meer war salzig, salzig war das Meer
Das Meer war salzig, salzig war das Meer

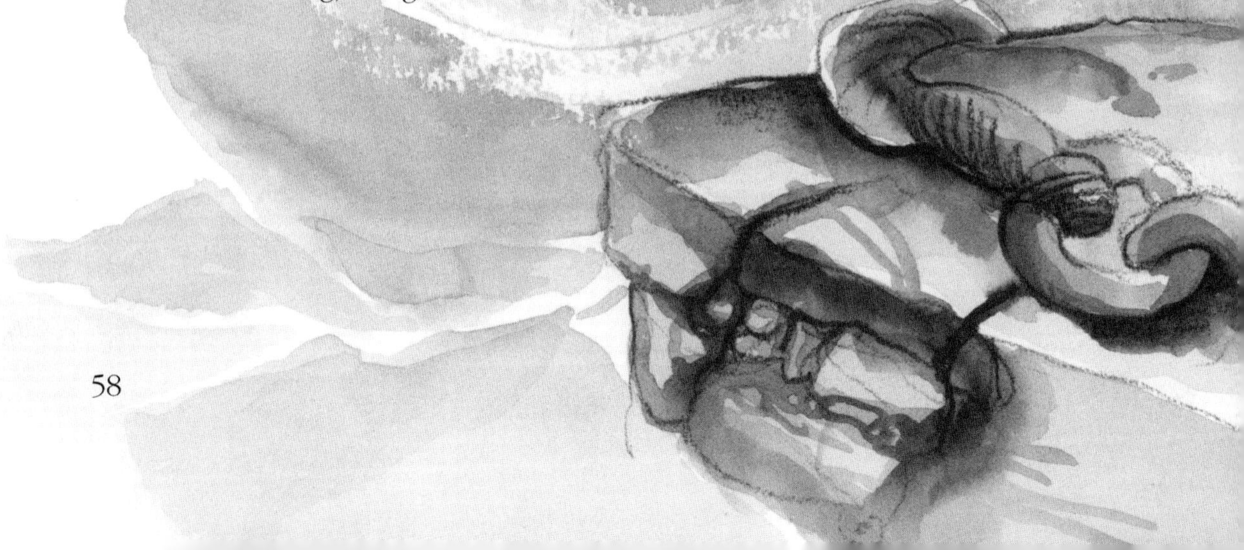

Baile, música y juego – Tanz, Musik und Spiel

Der Flamenco wird auch „Tanz der Seele – getanzte Gefühle“ genannt. Grundlage dieses besonders ausdrucksstarken Tanzes ist die akustische Fußarbeit, wobei die mit den Füßen gestalteten Rhythmen durch Händeklatschen ergänzt werden. Charakteristisch für den Ausdruck sind außerdem die Körperhaltung, spezielle Arm- und Fingerbewegungen und das Spiel mit einem Schal, Fächer oder Rock. Schüchterne Kinder entwickeln Selbstvertrauen durch den stolzen Tanz. Vielleicht ist das der Grund, warum auffallend viele Eltern in Spanien ihre Kinder in frühen Jahren zum Flamenco-Unterricht schicken.
Spanischer Ausdruckstanz für Anfänger wird gerne mit der Musik „Bolero“ von Maurice Ravel (Ravel geb. 1875 im baskischen Ciboure) einstudiert. Die Flamenco-Tanzgesten mit ihrer Ausdruckskraft, ihrem Temperament und dem Stakato der Füße eignen sich hervorragend, um das stets dynamischer werdende Bolero-Musikthema tänzerisch darzustellen.

Cojo una manzana – Ich pflücke einen Apfel

Dieses Bewegungsspiel haben wir in einem spanischen Kindergarten gelernt. Es ist als Vorübung zum Flamencotanz gedacht. So stolz wie Juan und Maria pflückt keiner den Apfel. Wetten?

Alter: ab 4 Jahren

Die Kinder sprechen den spanischen Kinderreim nach und führen dazu die im Text beschriebenen Bewegungen aus. Anmutig und stolz wie FlamencotänzerInnen.

cojo una manzana	Ich pflücke einen Apfel
la miro	ich schaue ihn an *(etwa in Gesichtshöhe)*
la tiro	ich werfe ihn auf den Boden
la piso	ich trete darauf
la repiso	ich zertrete ihn *(Drehbewegung mit dem Fuß)*
palmo	ich klatsche in die Hände
y el cuerpo	und den Körper *(mit den Händen von oben nach unten an den Seiten entlangstreichen)*
estirado, estirado, estirado –	strecke ich, strecke ich, strecke ich *(sehr gerade und stolz)*

... und gleich den nächsten Apfel pflücken!

La Tarara – Die Tarara

⊙ Nr. 14

Die Tarara mit ihrem gemäßigten Tempo und der melancholisch anmutenden Melodie gilt unter MusikkennerInnen als traditionelle Vorlage für den Bolero von Ravel.

Text und Musik: trad., Spanien
Bearbeitung Text: H. E. Höfele; Musik: D. Ferber

Tiene la Tarara unos pantalones
que de arriba abajo todos son botones.
La Tarara sì, la Tarara no,
la Tarara niña, que la bailo yo.

Schau wie die Tarara geht
Beim Tanz im Kreis sie dreht
Sich immer wieder rund herum
Schritt für Schritt mit ihrem Klickeklack
Geht voll Stolz Tarara mutig auf und ab

Alle schaun Tarara an
Ja wie sie tanzen kann
Ihr Rock wippt dazu sacht im Takt
Schritt für Schritt mit ihrem Klickeklack
Geht voll Stolz Tarara mutig auf und ab

Spät am Abend tanzt sie dann
Zusammen mit Juan
Am Strand den wilden Abschiedstanz
Schritt für Schritt mit ihrem Klickeklack
Geht voll Stolz Tarara mutig auf und ab

La Tarara – Ein Kinder-Bolero zum Mitsingen und Tanzen

Der „echte" Flamenco erfordert sehr viel Übung und Grundwissen über Fuß- und Handstellungen. Als praktisch durchführbare Alternative tanzen die Kinder stolz wie die SpanierInnen zur besinnlichen Tarara!

Alter: ab 7 Jahren
Material: Tanzstiefel (oder Schuhe mit halbhohen Blockabsätzen)
Mädchen: farbenfrohe, rüschige Flamencokleider oder Röcke
Jungs: keine Baseballkappen!
Musik: La Tarara ⊙ Nr. 14

Palmas & pitos: Tanzen mit den Händen

Das Musikthema der traditionellen Tarara wird stetig durchgespielt und immer wiederholt. Dieser Rhythmus bildet das Grundmuster für den Tanz mit Hand und Fuß.

- Pitos (Fingerschnalzen): Die Kinder lauschen der Musik und begleiten die Instrumental-Anfangspassage (entrada) mit den pitos (Fingerschnalzen).
- Palmas (Händeklatschen): Zum Rhythmus in die Hände klatschen.
  Palmas sordas (leise, dumpfe palmas): Die Klatscher klingen zuerst etwas leiser.
  Palmas claras (helle, laute palmas): Gegen Ende des Stücks werden die Klatscher lauter.
- Brazos (Arme): Die Arme angewinkelt, und die Hände klatschen in Kopfhöhe.
  Mit fortschreitender Dauer der Musik wiegen die Arme klatschend hin und her.

Escobilla: Tanzen mit den Füßen

Sobald die TänzerInnen die rhythmische Begleitung der Tarara mit den Händen beherrschen, wird das Tanzen mit den Füßen geübt. Das Klackern mit den Füßen beginnt mit der dritten Strophe.

Zapateado (Fußtechnik):	Mit den Fußspitzen rhythmisch auf den Boden klackern.
taconeo (Fußarbeit):	Klackergeräusche mal mit Spitze, Hacke, re. Fuß und li. Fuß ausführen.
pasillo (Gehen im Rhythmus der Musik):	Verschiedene „Klacker-Gangarten" auspro-bieren.
pasos (Schrittkombinationen):	Gemeinsam synchrone Schrittkombinationen erfinden.

Nach einigen Übungssessions können auch Vueltas (Drehungen) und Quiebros (Bewegung des Körpers während eines Tanzschrittes, mit einer Biegung in der Taille) hinzugefügt werden.
Die Kinder feuern sich mit jaleos (aufmunternde Zurufe) an und fiebern der Tanz-premiere entgegen.

Portugal – Heimat der Sehnsucht

Portugal war einst eine europäische Großmacht, die mit Spanien um die überseeischen Kolonien wetteiferte. Portugiesische Seefahrer trugen auf ihren Segelschiffen europäische Kultur weit über die Meere bis in ferne Länder. Wie viele Abschiede mag es in den Häfen wohl gegeben haben?

Die ureigenste Musikschöpfung Portugals, der Fado, ist Klagelied und Wehmutsmelodie voller Sehnsucht und Trennungsschmerz. Eine Trennung von Kinder- und Erwachsenenkultur in unserem Sinne gibt es in Portugal nicht. Der Nachwuchs nimmt am allgemeinen kulturellen Leben, an der Musik und den Liedern teil. Und das alles findet wie in den meisten südlichen Ländern möglichst draußen statt.

Um, dois, três ...

um – eins	**dois** – zwei	**três** – drei	**quatro** – vier	**cinco** – fünf
seis – sechs	**sete** – sieben	**oito** – acht	**nove** – neun	**dez** – zehn

Era uma vez – Es war einmal

... ein Hüpfvers mit einer Katze aus Malta, die französisch spricht!
Ebenso wie das Pflasterstein-Hüpfspiel aus Spanien eignet sich auch dieser portugiesische Reim als Basis für das rhythmische Sprungspiel.
Luftsprünge sind wohl weltweit Ausdruck von Lebensfreude! Also: Seil springen oder Gummi twisten ...

Era uma vez	Es war einmal
um gato maltês.	Eine Katze aus Malta
Tocava piano,	Spielte Klavier
falava francês.	Sprach französisch.
A dona da casa	Die Hausherrin
chamava-se Inês.	hieß Ines.
E o numero da porta	Die Hausnummer
era o trinta e três.	war 33.
Queres que te conte?	Soll ich dir's vorzählen?
Um, dois, três	1, 2, 3
Queres que te conte	Soll ich dir's
outra vez?	noch einmal vorzählen?

Ein hüpfender Floh –
Uma pulga ramifica:
Die Ukulele

Die Ukulele ist eine vierseitige Winziggitarre. Sie stammt ursprünglich aus Nord-Portugal, wo sie cavaquinho oder auch machada genannt wird. Portugiesische Seefahrer haben dieses Instrument in alle Welt gebracht. Portugiesische Plantagenarbeiter, die 1878 von Madeira nach Hawai wanderten, führten sie dort ein. Das kleine Saiteninstrument mit dem lieblichen Klang wurde von den Hawaianern liebevoll Ukulele, kleiner Floh getauft.
Die Gitarre war bereits zu einem früheren Zeitpunkt mit den ersten Walfängern oder mit Händlern aus Kalifornien auf die idyllische Insel gekommen.

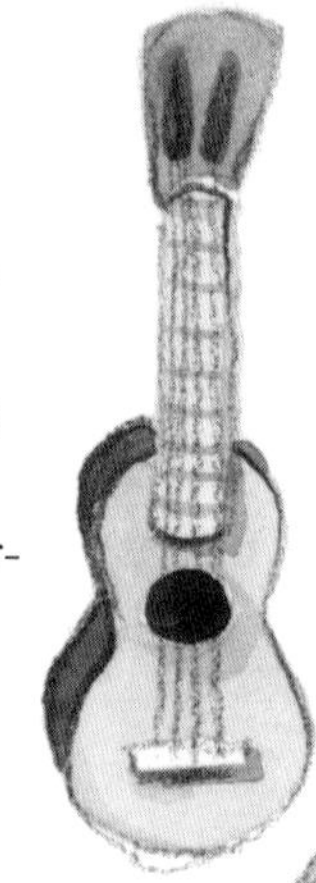

Die Ukulele – ein Saiteninstrument für kleine Hände
Da Kinder unter 7 Jahren kleine Hände haben, ist es für sie angenehmer, beim Erlernen eines Saiteninstruments mit der entsprechend kleinen viersaitigen Ukulele zu beginnen. Die Ukulele ist einfach zu handhaben und erleichtert AnfängerInnen den musikalischen Einstieg. Ihre geringe Größe macht sie außerdem zum idealen Reise- und Lagerfeuerinstrument. Die Möglichkeiten der Ukulele sind unbegrenzt, denn sie kann die kompliziertesten Stücke ebenso wie einfache Melodien begleiten. Deshalb haben AnfängerInnen an der Ukulele oft schon nach einigen Wochen Unterricht mehr Freude als an anderen Instrumenten.
Ein heißer Tipp eines begeisterten Ukuleleliebhabers: www.patzeltukulele.de bietet einen preiswerten Bausatz für eine Ukulele an: „Bei der Entwicklung standen für uns Praxistauglichkeit und ein günstiger Verkaufspreis im Vordergrund.
Die patzeltUKULELE musste also leicht selbst zu bauen, schnell erlernbar und im musikpädagogischen Bereich vielseitig einsetzbar sein.“

Italien – bella Italia

Italien sieht aus wie ein Stiefel. Und dieser Stiefel ist randvoll mit Musik: Italien ist das Land der schönen Gesänge, die Wiege des Balletts. In Italien wurde die Geige, wie wir sie heute kennen, erfunden, die italienische Oper ist weltberühmt und Italienisch ist nicht nur die internationale Sprache der Musik sondern klingt auch wie Musik.
In keinem Land Europas wird so ungeniert frei heraus und zu jeder Tages- und Nachtzeit gesungen wie in bella Italia.

Uno, due, tre ...

uno – eins	**due** – zwei	**tre** – drei	**quattro** – vier	**cinque** – fünf
sei – sechs	**sette** – sieben	**otto** – acht	**nove** – neun	**dieci** – zehn

Din-don-din-don-Fingerspiel

Alter: ab 3 Jahren

Die Kinder sprechen alle gemeinsam den Reim und führen bei jeder Zeile die entsprechenden Berührungen mit den Fingern aus:

Questo è l'occhio bello	Dies ist das schöne Auge	*Ein Auge berühren*
questo è suo fratello	Und das ist sein Bruder	*Das andere Auge berühren*
questo è la chiesina	Dies ist die kleine Kirche	*Den Mund berühren*
questi sono i fratini	Das sind die Mönche	*Die Zähne berühren*
e questo il campanile	Und das da ist der Glockenturm	*Die Nase berühren*
din don, din don	Ding-dong-ding-dong	*An der Nase zupfen*

Zin zin zin fa il violino – Zin zin zin so spielt die Geige

Nr. 17

Das folgende italienische Liedchen macht es allen Kindern leicht, die verschiedenen darin vorkommenden Musikinstrumente zu erkennen.
Zin zin zin … macht das erste Instrument. Tja, was könnte das wohl sein?

Text und Musik: trad., Italien
Bearbeitung Text und Musik: D. Ferber

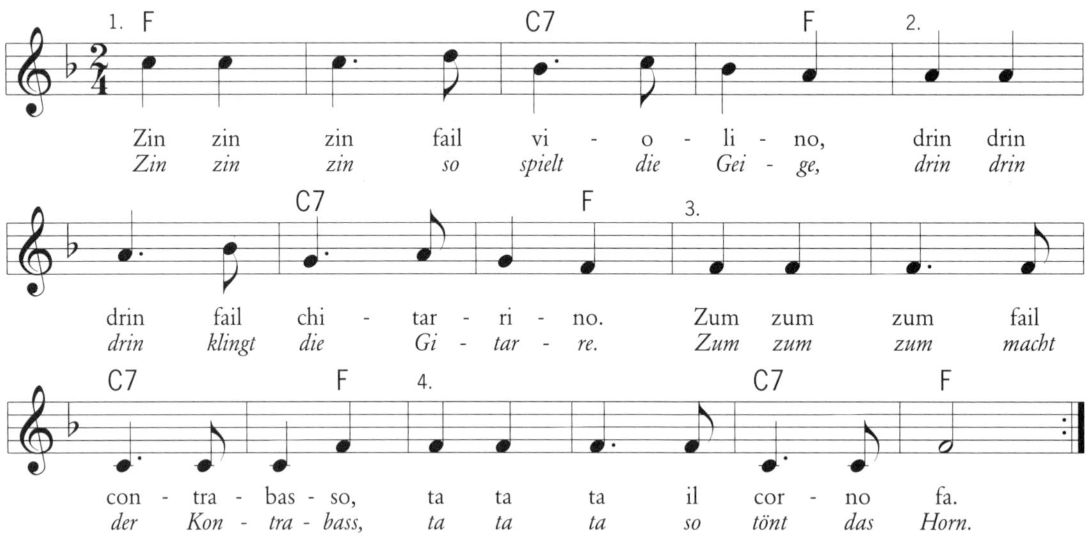

Zin zin zin fa il violino.
Drin drin drin fa il chitarrino
Zum zum zum fa il contrabasso
Ta ta ta il corno fa

Zin zin zin so spielt die Geige
Drin drin drin klingt die Gitarre
Zum zum zum macht der Kontrabass
Ta ta ta so tönt das Horn

Tarantella – Der Tanz der Tarantel

Nr. 16

In Italien gibt es neben braven Fingerspielen, Ninna-Nanna-Wiegenliedern, Kinderliedern und netten Kreistänzchen auch einen ganz verrückten Tanz mit einer nicht minder verrückten Geschichte: Der Biss einer Tarantel sorgte in Süditalien bereits vor Jahrhunderten für großes Tohuwabohu. Das Volk war der Meinung, ein wilder Tarantellatanz sei das einzig wirksame Heilmittel gegen das Tarantelspinnengift. Diese seltsame Vorstellung breitete sich im 13. Jahrhundert von Italien über ganz Europa aus. Bis heute gilt die Tarantella als der italienische Volkstanz.
Der schnelle Tanz (eben wie von der Tarantel gestochen) lässt sich alleine oder mit PartnerIn in immer neuen Schritten und Drehungen tanzen.
In Italien wird bei der Tarantella gerne ein Tamburin (Schellentrommel) eingesetzt. TamburinspielerInnen schütteln die Schellentrommel gegen Handballen, Finger, Ellenbogen oder Knie.

Musik: trad., Italien
Bearbeitung Musik: D. Ferber

Tanzanleitung:
Beim Tarantellatanz wird der Körper wild durcheinandergeschüttelt.
Mit Armen, Beinen, Kopf und Fingern erfinden die Kinder ihre Tarantella-Tanzfiguren und führen sie anschließend gemeinsam aus.
Die Spielleitung ruft die einzelnen Bewegungsanleitungen zweisprachig auf. Es wird nicht lange dauern, dann haben alle die italienischen Wörter gelernt.

braccio avanti	Arm nach vorne strecken
braccio in dietro	Arm nach hinten strecken
braccio a zigo zago	Arm hin und her bewegen
braccio su e giù	Arm rauf und runter schütteln

gamba avanti	Ein Bein nach vorne stellen
gamba in dietro	Ein Bein nach hinten stellen
gamba a zigo zago	Ein Bein hin und her schütteln
gamba sue e giù	Ein Bein rauf und runter schütteln

testa avanti	Kopf nach vorn
testa in dietro	Kopf nach hinten
dito avanti	Finger nach vorn

Die Notation – ein Produkt römischer Kultur

Die Überlieferung von Musik, Liedtexten und Melodien erfolgt in der Frühzeit einer jeden Kultur zunächst mündlich. Aus dem Wunsch heraus, die musikalischen Inhalte und die Form vor Veränderung zu bewahren, suchten die Menschen nach Möglichkeiten, Musik aufzuzeichnen.
Unsere traditionelle abendländische Tonhöhen-Notation speist sich aus zwei Quellen: Der erste Entwicklungsstrang ist die antike griechische Notenschrift. Der zweite Entwicklungsstrang unserer heutigen Notation entstammt dem römischen Kulturkreis. Hier begnügte man sich zunächst mit „groben" Hinweisen für den melodischen Verlauf. Das waren einfache Richtungspfeile, je nachdem, ob die melodische Linie steigt oder fällt. Da solche Hinweise jedoch nicht eindeutig wiedergeben, wie groß die melodische Bewegung sein soll, setzte man (etwa seit 1000 n. Chr.) die Zeichen zusätzlich auf zwei oder drei Linien. In den folgenden Jahrhunderten wurde das System aus Linien und Zwischenräumen immer mehr erweitert. Für den Umfang einer einzelnen, durchschnittlich ausgebildeten menschlichen Stimme erwiesen sich fünf Linien (mitsamt der vier Zwischenräume) als ausreichend, um jeder Tonhöhe einen festen Platz zuzuordnen.

Solmisation – Singen auf Tonsilben: do, re, mi, fa, so, la, ti, do

Die Methode der Solmisation bietet sich als Gehör- und Singübung für Kinder besonders an. Sie stammt von dem italienischen Gelehrten Guido von Arezzo (um 1050) und benennt die verschiedenen Tonhöhen mit den Silben do, re, mi, fa, so, la, ti, do

Alter: ab 5 Jahren
Material: Musikinstrument zur Abstimmung und Kontrolle der einzelnen Tonhöhen

Tonhöhen-Singübungen lassen sich als Einstimmung zu Beginn jeder Musizierstunde einsetzen. Von Musizierstunde zu Musizierstunde mit der Tonhöhen-Notation vertraut gemacht, erweist sich mancher Knirps als musikalisches Talent.

Die jeweiligen Tonhöhen werden durch Handzeichen erkennbar gemacht:

do Faust, von der Seite gesehen
re Hand schräg nach oben gerichtet
mi Hand waagerecht
fa Zeigefinger nach unten weisend
so Handfläche senkrecht, Daumen oben
la Hand locker hängen lassend
ti Zeigefinger nach oben weisend
do Faust, von der Seite gesehen

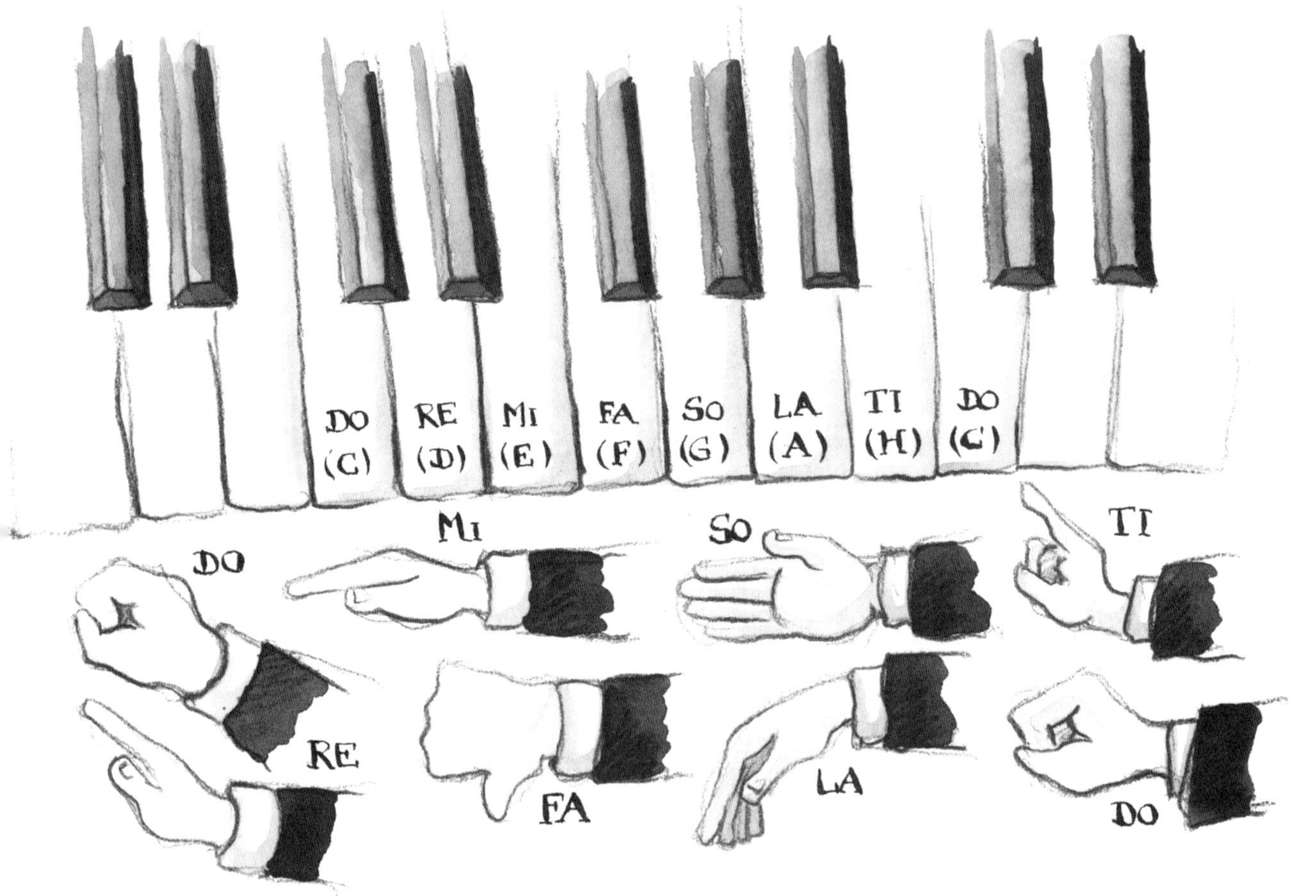

Die Kinder singen die Tonsilben, die ihnen per Handzeichen vorgeführt werden.
Zu Anfang begleitet die musikalische Leitung den Gesang mit einem Musikinstrument (am besten mit dem Klavier).
Die Vorgabe der Silbenfolgen erfolgt nach der Tonleiter: vom tiefen Do-Keller durchs Musikhaus hinauf bis zum hohen Do-Dach.
Je mehr Übung, desto variabler die Gestaltung der Silbenkombination.
Das klanggestaltende Sprechen der Silbenketten gelingt fast immer auf Anhieb, wenn der wiegende, schwebende Sprachrhythmus durch Wiegebewegungen unterstützt wird.
Hinweis: Aus eigener Erfahrung können wir diese Hör- und Singübung besonders für das Kinder-Chor-Singen empfehlen! Kinder die Solmisations-Übungen gemacht haben, lernen dann auch rasch die klassische Notenschrift.

Griechenland – Land der Sonne und des Tanzes

Griechenland wird auch als „Wiege der Europäischen Kultur“ bezeichnet. Das Wort „Musik“ stammt vom griechischen Wort „mousiki“ ab, welches die Kunst der Melodiekomposition bezeichnet. Und ein griechisches Sprichwort lautet: „Die Menschen haben als besten Arzt den Gesang gegen ihre Schmerzen.“
Volksmusik und Volkstanz stecken bedingt durch die lange türkische Besetzung (1453 – 1829) voller orientalischer Elemente. Kinder und Erwachsene tanzen und singen oft gemeinsam, denn auch in Griechenland ist der Nachwuchs eng in die Erwachsenenwelt eingebunden. Kinder werden geliebt und geherzt, nehmen am Alltag, an Festen und an der überschäumenden mediterranen Lebensfreude teil. Gespielt wird wie in fast allen von der Sonne verwöhnten Ländern bis spät in die Nacht draußen, draußen und nochmal draußen.

Ena, dio, tria ...

ena – eins	**dio** – zwei	**tria** – drei	**tessera** – vier	**pende** – fünf
exi- sechs	**efta** – sieben	**ochto** – acht	**ennea** – neun	**deka** – zehn

Kato sto yalo – Wo die Wellen rauschen

Nr. 19

Griechische Kinderlieder im engen Sinne gibt es nicht (Musikwissenschaftler Pahlen). Stattdessen gibt es eine Fülle von Volksliedern, die Erwachsene mit ihren Kindern gemeinsam singen und vor allem auch dazu tanzen. Das Lied von den „rauschenden Wellen“ ist ein typisches Beispiel für „Familienliedgut“ im sonnigen Griechenland.

Text und Musik: trad., Griechenland
Bearbeitung Text: D. Ferber; Musik: D. Ferber/A. Dörsam

|: Kato sto yalo,
kato sto periyali :|
|: Kato sto yalo kondi,
nerantzoula foundoti :|

|: Plenan chiotisses,
plenan papadopoules, :|
|: Plenan kiaplonan kondi,
nerantzoula foundoti :|

|: Plenan kiaplonan ke
me tin amo pezan :|
|: Plenan kiaplonan kondi,
nerantzoula foundoti :|

|: Wo die Wellen rauschen,
dort am Meeresstrande :|
|: Mein Zitronenbäumchen blüht
dort im hellen Sande :|

Kommt ihr Mädchen, kommt,
wir waschen jetzt die Wäsche
Kommt ihr Jungen, kommt,
wir waschen jetzt die Wäsche
|: Mein Zitronenbäumchen hört
unser fröhliches Lachen :|

|: Nach der Arbeit feiern
zusammen wir ein Fest :|
|: Mein Zitronenbäumchen sieht
uns spielen und tanzen :|

Griechische Volkstänze: Ausdruck spontaner Lebensfreude

Im antiken Griechenland bedeutete Tanz eine ernste Kunstübung und gehörte zur allgemeinen Bildung und Erziehung. Wenn die Angelegenheit heute auch nicht mehr ganz so ernst ist: Getanzt wird in Griechenland nach wie vor überall, und zwar in einer aufrechten Körperhaltung, die jeden „alten“ Griechen mit Genugtuung erfüllt hätte. Jung und Alt fassen sich an den Händen, an den Schultern oder haken sich zum Gruppentanz ein. Auffallend viele griechische Volks- und Kindertänze werden in offenen Kreisen getanzt. Wer den Anfang der Kette bildet, darf die Tanzgruppe führen und gibt auch die Schrittfolge vor. Nach diesem einfachen Prinzip können auch Fremde spontan miteinander tanzen: Einfach die TanznachbarInnen festhalten und mit der Tanzkette die Bewegungen der VortänzerIn nachmachen. Da kommt Freude auf!

Zorba's Dance: Sirtaki-Reihentanz

Der Sirtaki wurde ursprünglich für den Film „Alexis Sorbas“ kreiert und zur Musik von Mikis Theodorakis getanzt.

Alter: ab 5 Jahren
Musik: Zorba's Dance (Filmmusik, Mikis Theodorakis)

Getanzt wird als Reihe. Sirtaki beginnt mit langsamen Tanzschritten. Dann wird das Tempo schneller und immer schneller ...

Für die Gestaltung des Sirtaki gibt es verschiedene Möglichkeiten:

- **Einfache Sirtaki-Handfassung und Seit-Step**
  Alle Kinder reichen sich in Kopfhöhe die Hände.
  Die Tanzleitung führt die Tanzkette mit Seit-Steps im Kreis herum.
- **Sirtaki-Schulterfassung**
  Die Kinder legen die Arme über die Schultern ihrer NachbartänzerInnen.
  Im Takt zu den Bouzoukiklängen schlagen sie die Beine über Kreuz.
  Die Tanzleitung führt die Tanzkette mit Überkreuz-Steps im Kreis herum.
- **Sirtaki-Kettenfassung**
  Die Hände über Kreuz mit denen der übernächsten TanzpartnerIn verbinden.
  Dazu die Überkreuz-Steps der Tanzleitung mitmachen.

Türkei – Land zwischen zwei Kontinenten

Die Türkei liegt auf zwei Kontinenten und verbindet Europa mit Asien. Seit jeher war die Geschichte der Türkei auch Teil der europäischen Geschichte, denn das frühere osmanische Reich hat sich bis weit in den europäischen Kontinent hinein ausgedehnt. Anfang der 60er Jahre wurden erstmals türkische Arbeitskräfte für das Wirtschaftswunderland Deutschland angeworben: Bis heute leben in keinem anderen Land so viele Türken wie in Deutschland. Wir selbst haben entdeckt, dass türkische Kinder viele deutsche Kinderlieder in ihrer Muttersprache singen. Der Grund dafür liegt bei Kemal Pascha, dem ehemaligen Staatsführer der Türkei. Er holte deutsche Schulmusiker und Komponisten ins Land, um die Schulkultur zu modernisieren. Damals sind viele deutsche Kinderlieder ins Türkische übertragen worden, und seitdem singen dort die Kinder z. B. „A, a, a, bak geldi“ nach der Melodie von „ABC, die Katze lief im Schnee.“

Bir, iki, üç ...

bir – eins	**iki** – zwei	**üç** – drei	**dört** – vier	**beş** – fünf
alti – sechs	**yedi** – sieben	**sekiz** – acht	**dokuz** – neun	**on** – zehn

A, a, a, bak geldi kiş baba –
A, a, a, der Winter, der ist da

Dieses türkische Kinderlied entspricht dem deutschen ABC – die Katze lief im Schnee. In der türkischen Fassung werden statt des ABC allerdings die Vokale besungen und der Text handelt von den Jahreszeiten.

Mit kleineren SängerInnen empfiehlt es sich, erst einmal mit einer Strophe zu beginnen. Falls auch türkische Kinder mitmachen, sind diese herzlich eingeladen, bei der Aussprache zu helfen.

A, a, a, bak geldi kış baba
sırtında kalen abası
elinde koca sopası
A,a, a, bak geldi kış baba

E, e, e, bir kareş kar yerde
Dağlar kerlar hep bembeyaz
Yavru kuşlar yem bulmaz
E, e, e, bir kareş kar yerde!

I, i, i, kış dondurdu bizi
Bu soğua dayanılmaz
Kış baya inanılmaz
I, i, i, kış dondurdu bizi!

O, o, o, arkamızda palto
Korkumuz yok kıştan kardan
Ne soğuktan, ne rüsgardan
O, o, o, arkamızda palto!

A, a, a, der Winter, der ist da!
Herbst und Sommer sind vergangen
Winter, der hat angefangen
A, a, a, der Winter, der ist da!

E, e, e, er bringt uns Eis und Schnee
Malt uns gar zum Zeitvertreiben
Blumen an die Fensterscheiben
E, e, e, er bringt uns Eis und Schnee

I, i, i, vergiss die Armen nie!
Wenn du liegst im warmen Kissen
denk an die, die frieren müssen
I, i, i, vergiss die Armen nie!

O, o, o, wie sind die Kinder froh!
Sehen jede Nacht im Traume
sich schon unterm Weihnachtsbaume
O, o, o, wie sind die Kinder froh!

Çay – Das Teelied

Nr. 21

Ein Loblied dem Tee: In der Türkei wird das aromatische Getränk oft und gern in kleinen Gläschen serviert. Mit viel, viel Zucker genossen versüßt heißer Tee das Leben zu jeder Tages- und Nachtzeit. Außerdem ist er gesund und löscht den Durst. Im folgenden Lied heißt es, dass Tee sogar gegen Kummer hilft. Also am besten erst das Lied singen, denn Singen macht Laune, und hinterher gleich ein Gläschen Tee schlürfen …

Text und Musik: trad., Türkei
Bearbeitung Text: D. Ferber; Musik: B. Gullatz/D. Ferber

Bist du Gast in der Türkei
Lädt man ein dich gern zum Çay
Çay heißt Tee. Er schmeckt gut
Çay, Çay, Çay
Muntert auf und macht dir Mut
Çay, Çay, Çay

Kimim a rıyır canı
Bol çay içsin mercanı
Herbir derdin dermanı
Çay, çay, çay
Herbir derdin dermanı
Çay, çay, çay

Wenn irgend jemand Kummer hat
Soll er trinken sehr viel Tee
Heilt alle Beschwerden sofort
Tee, Tee, Tee
Heilt alle Beschwerden sofort
Tee, Tee, Tee

Serbien, Slowenien, Kroatien – Land der Südslaven

Serbien, Slowenien und Kroatien gehören zum ehemaligen Staatenbund der Jugoslaven (wörtliche Übersetzung: Südslaven). Serbien ist das größte dieser drei Länder. Das kleine Kroatien, das wie ein Bumerang aussieht, ist durch seine Adriaküste und viele Inseln ein wahres Paradies für badehungrige Urlauber.
Slowenien ist durch die lange Zugehörigkeit zu den Habsburgern kulturell „österreichisch" beeinflusst worden. Dort werden die berühmten „tanzenden" Lipizzaner gezüchtet, die in der Wiener Hofreitschule auftreten. Sie beweisen jeden Tag aufs neue, dass Pferde ungeheuer musikalisch sein können.

Jeden, dva, tri ... Ena, dva, tri ... Ena, dwa, tri ...

Serbokroatisch:

jeden – eins	**dva** – zwei	**tri** – drei	**četiri** – vier	**pet** – fünf
šest – sechs	**sedam** – sieben	**osam** – acht	**devet** – neun	**deset** – zehn

Kroatisch:
Ena, dva, tri und weiter wie im Serbokroatischen.

Slowenisch:

ena – eins	**dwa** – zwei	**tri** – drei	**sxtiri** – vier	**pet** – fünf
sxest – sechs	**sedem** – sieben	**osem** – acht	**devet** – neun	**deset** – zehn

Anmerkung: In Musikbüchern und musikpädagogischer Fachliteratur finden sich Kinderlieder, Tänze und Spielformen aus Serbien und Kroatien überwiegend in serbokroatischer Fassung.

Reime von Mäuschen, Hennen, Pferden und Schweinchen

Das Land der Südslaven ist in weiten Teilen ein prächtiges Gebirgsland mit fruchtbaren Tälern, in denen landwirtschaftliche Erzeugnisse bestens gedeihen. Lieder und Reime dieser Gegend handeln daher mit Vorliebe vom bäuerlichen Leben auf dem Lande ... und hier wie dort legt die Henne ein Ei (oder auch mal zwei?)

Znela koka jaja – Die Henne legt ein Ei

Dies ist wohl der populärste südslavische Kinderreim, der dort vielen Kindern wohl vertraut ist.

Alter: ab 4 Jahren

Die Kinder gehen in gemäßigtem Schritttempo im Kreis herum. Die Spielleitung spricht die Reime in der Originalsprache. Die Kinder sprechen den Reim rhythmisch in der deutschen Fassung nach. Bei den Worten „Husch, husch, husch“: in die Hocke gehen und dreimal in die Höhe hüpfen. Wer umfällt oder als letzter den Hopser ausführt ist das „faule Ei“ und geht in die Kreismitte. Beim nächsten Durchgang kommt ein anders Kind in den Kreis und das „faule Ei“ darf wieder mitlaufen

Ringe, ringe, raja

Ringe, ringe, raja
znela koka jaja
došo čika Paja
pa pojeo jaja
jedno jaje mudsch
a mi deca dschutsch
husch – husch – husch

Ringel, Ringel Reih'

Ringel, Ringel Reih'
Die Henne legt ein Ei
Da kam der Opa-O-pa-pa
Und aß das Ei im Nu
Das Ei ist weg
Und draus bist du
husch – husch – husch

Klopa, klopa, klop – Hoppe, hoppe, hopp

Ein lustiges Bewegungsspiel für jüngere Kinder. Das folgende Hoppe-Reiter-Lied ist auch in anderen Sprachen bekannt, denn alle kleinen Kinder dieser Welt lieben es, auf den Knien eines Erwachsenen herumzuhopsen. Reiterspiellieder als Kniewiegeverse gibt es, wo es Pferde gibt, bzw. gab: Zu den meisten dieser heute noch üblichen Verse hopste damals schon der Opa auf den Knien von Ur-Oma ... Hopp, hopp, hopp, Pferdchen lauf Galopp!

Alter: ab 4 Jahren

Zum Sprechrhythmus im Kreis herumgaloppieren. Ob mit oder ohne Steckenpferd.

Klopa, klopa, klop
Juri konjić galopp
Preko reka, preko gora
Leti brezo čak do mora
Klopa, klopa, klop
Juri konjić galopp

Hoppe, hoppe, hopp
Pferdchen lauf Galopp
Über Flüsse, über Berge
Immer schneller bis zum Meere
Hoppe, hoppe, hopp
Pferdchen lauf Galopp

Debela Pujsa – Schweinchen grunz

Im landwirtschaftlich orientierten Slovenien leben viele Kinder in Dörfern. Da kommt der Metzger noch auf den Hof, um das Hausschwein zu schlachten: Für die Kinder eine Selbstverständlichkeit. Wenn es aber um ihr persönliches Lieblingsschweinchen geht, sieht die Sache ganz anders aus:

Gujsa, gujsa, gujsa
Dva debela pujsa
Enga smo zaklali
Enga pa prodali,
Enga pa sê imamo
Pa vam ga ne damo

Grunz, grunz, grunz
Drei dicke Schweinchen:
Eines haben wir geschlachtet,
Eines haben wir verkauft,
Eines haben wir noch,
Und das geben wir nicht her

Miš mi je polje popasel – Die Maus fraß mir das Feld ganz leer

Das Kreisspiel (auch als Volkslied gebräuchlich) von der Maus, der Katz, dem Bären, Wolf und Löwen ist in Slovenien weit verbreitet. Den slovenischen Text haben wir in seiner phonetischen Aussprache niedergeschrieben. Der Reim lässt sich auch leicht in verschieden Melodien singen (Beispiel: Es wollt ein Bauer früh aufstehn')

Alter: ab 4 Jahre

Die Kinder sitzen im Kreis auf dem Boden.
Ein Kind wird als Maus ausgezählt. Während der ersten Strophe flitzt die „Maus" am äußeren Kreisrand umher. Mit Beginn der zweiten Strophe wählt das Mausekind ein weiteres aus dem Kreis aus, die „Katze", die die Maus auffressen soll. Die „Katze" läuft hinter der Maus im Kreis.
Die Katze wählt dann einen Bären aus, der Bär einen Wolf und der Wolf den Löwen. Der Löwe sucht sich eine Maus und das Spiel beginnt von vorne.

Misch mi je polje popasell, popasell.
Joi si gameni kaibumsel, kaibumsel?
  Die Maus fraß mir das Feld ganz leer, mir das Feld ganz leer.
  Oh weh, was soll ich ernten nun, sag was soll ich tun?

Dosch la je matschka smatschischi, smatschischi.
Pojela mischa smischischi, smischischi.
  Da kam die Katz mit ihrem Kind, mit ihrem Katzenkind.
  Und fraß die Maus und 's Mäuschen auf, die Maus und's Mäuschen auf.

Doschel je mädo smedischi, smedischi.
Pojek je matschku smadschischi, smadschischi
  Da kam der Bär mit seinem Kind, mit dem Bärenkind.
  Und fraß die Katz und's Kätzchen auf, die Katz und's Kätzchen auf.

Doschel je wuko swudschischi, swudschischi.
Pojel je mädu smedischi, smedischi
  Da kam der Wolf mit seinem Kind, mit dem Wolf sein Kind.
  Und fraß den Bär und's Bärchen auf, Bär und Bärchen auf.

Doschel je lawek slawidschi, slawidschi.
Pojel je wuka swudschischi, swudschischi.
  Da kam der Löw' mit seinem Kind, mit dem Löwenkind.
  Und fraß den Wolf und's Wölfchen auf, Wolf und Wölfchen auf.

Hajd' povedi veselo – Reicht euch die Hände

Ein traditionelles Kinderlied aus Serbien, bei dem zwei Kinder sich die Hand reichen und im Kreis tanzen. Oder: Ein Versöhnungslied zwischen zwei Geschwistern, die sich miteinander vertragen. Serbische, kroatische, ungarische, deutsche und alle anderen Kinder dieser Welt reichen sich die Hand zum Tanz. Rundherum das ist nicht schwer!

Alter: ab 4 Jahre

Hajd' povedi veselo naše kolo šareno!
Momci, curo, u kolo nek se ori veselo!
Reicht euch die Hände, dass der Tanz beginnen kann.
Mädchen und Burschen, dreht euch immer schneller im Kreis!

Die Kinder bilden Tanzpaare: Die PartnerInnen stehen sich jeweils gegenüber. Sie singen das Lied „Brüderchen, komm tanz mit mir." Der Liedtext gibt die Bewegungsabläufe vor:

- Sich beide Hände zum Gruße reichen.
- Einmal nach rechts schwenken – einmal nach links schwenken.
- Die Hände loslassen, eine schnelle Drehbewegung machen und sich wieder gegenüber stehen.
- Mit den Händen klatschen, mit dem Kopf nicken und erneut im Kreise drehen.

Brüderchen, komm tanz mit mir. Beide Hände reich ich dir.
Einmal hin, einmal her, rundherum, das ist nicht schwer.
Mit den Händen klipp klipp klapp. Mit den Füßen tripp, tripp trapp,
Mit dem Köpfchen nick nick nick, einmal hin ...
mit den Fingerchen tick tick tick, einmal hin ...

Ungarn – Land der Magyaren

Bis vor 100 Jahren herrschte bei uns Einigkeit über die ungarische Volksmusik: wir verstanden darunter die paprikafeurige Musik, die von Zigeunerorchestern gespielt wurde. Und Paprika gehört nun mal zu Ungarn wie Puszta und Plattensee.
Die uralte, fremdartige, von Generation zu Generation überlieferte Musik der ungarischen Dörfer war so gut wie unbekannt. Der Ursprung dieser Musik, die unter dem Namen népdal zusammengefasst wird, liegt in Mittelasien, wo die Ungarn bis zur Landnahme im Donautiefland zuhause waren. Sie hat sich auch aus schamanistischen Ritualen entwickelt, benutzt ein außereuropäisches Tonsystem und Rhythmusformen außereuropäischen Ursprungs.
Bei vielen ungarischen Kinderliedern findet mit dem Lied verbunden eine Art Spiel statt. Die Form dieser Lieder ist extrem eingängig und besteht oft nur aus Wiederholungen von zwei- bis viertonigen Motiven.

Egy, kettö, hàrom

egy – eins
kettö – zwei
hàrom – drei
négy – vier
öt – fünf
hat – sechs
hét – sieben
nyolc – acht
kilenc – neun
tíz – zehn

Elvesztettem zsebkendömet szidott anyám érte – Hab mein Tüchlein verloren

Ein ungarisches Kreisspiel, das sich besonders für Kleinere eignet.

Alter: ab 4 Jahren
Material: 1 Tuch

(**fett = ungarischer Text**, *kursiv = wörtliche Übersetzung*, normal = Spieltext)

|: Elvesztettem zsebkendömet, szidott anyám érte. :|
(Hab mein Taschentuch verloren, Mutter schimpfte deswegen.)
|: Es geht ein Zipfeltuch in unserm Kreis herum! :|

Annak, aki megtalálja csókot adok érte.
(Derjenige, der es findet bekommt einen Kuss dafür.)
Wer es findet, kriegt ‘nen Kuss, weil er mir dann folgen muss.

Die Kinder bilden einen Kreis. Ein Kind wird ausgezählt, nimmt das Tuch und geht um den Kreis herum. Alle sprechen gemeinsam mehrmals die 1. Zeile des Spruchs vom verlorenen Tüchlein.
Das Laufkind lässt irgendwann das Tüchlein hinter einem Kind fallen. Dieses hebt das Tuch auf und trägt es dem Laufkind hinterher (Küsschen geben).
Beide halten das Tuch gemeinsam fest und laufen erneut um den Kreis. Die anderen klatschen und sprechen dazu rhythmisch die zweite Zeile des Verses.
Ist das Lied zu Ende, stellt sich das erste Laufkind in den Kreis, das andere behält das Tuch und das Spiel beginnt von vorn.

Ez volt a kedvencem kicsi koromban – Komm heraus

Nr. 23

Text und Musik: trad., Ungarn
Bearbeitung Text und Musik: D. Ferber

Bújj, bújj, zöld ág, zöld levelecske!
Nyitva van az aranykapu, csak bújjatok rajta.
Rajta, rajta, leszakadt a pajta
leszakadt a pajta bennmaradt a macska.

Komm, komm, komm heraus
Grüner Zweig und grünes Blatt
Das goldne Tor, das goldne Tor ist offen – geh hindurch
Ist die Scheune, ist die Scheune
Ist die Scheune eingefallen, Kätzchen ist gefangen

Der Brückentanz

Viele ungarische Kindereime, Sprüche und Lieder sind mit einem Spiel verbunden. Für Winzlinge gibt es ganz einfache Finger-, Streichel- und Bewegungsspiele, für Größere Kreis-, Sing- oder Brückenspiele und vieles mehr. Wir haben uns für das folgende Brückenspiel entschieden, das lustigerweise nahtlos in ein zweites, eher sportlich orientiertes „Ziehspiel" übergeht.

Alter: ab 5 Jahren
Material: Turnhalle, großer Raum oder genügend Platz im Freien
Musik: Ez volt a kedvencem kicsi koromban, ⊙ Nr. 23

Zwei Kinder werden ausgezählt. Sie stellen sich einander gegenüber, fassen sich an den Händen und bilden mit ihren Armen ein „Tor".
Die übrigen SpielerInnen fassen sich an den Händen und bilden eine Kette.
Alle Kinder singen gemeinsam das Lied und schlüpfen unter dem „Tor" durch, indem sie immer wieder eine 8 formen.
Ist das Lied zu Ende, werden die ankommenden Kinder nacheinander im „Tor" festgehalten.
Es beginnt ein Fragespiel: Dazu einigen sich die beiden, die das Tor bilden, flüsternd ganz schnell auf zwei Begriffe. TorhüterIn 1 nimmt zum Beispiel „Apfel", TorhüterIn 2 „Birne".
Sobald ein Kind gefangen ist, wird es gefragt: „Zu wem gehst du? Zum Apfel oder zur Birne? Das befragte Kind wählt einen Begriff und wird hinter den entsprechenden Torhüter geschickt.
Dann einigen sich die TorhüterInnen auf den nächsten Begriff, zum Beispiel Schuh und Socke oder Pizza und Spaghetti oder Kartoffel und Knödel etc.
Das Fragespiel ist zu Ende, wenn alle Kinder hinter einem Torhüter in der Reihe stehen.
Die hinten stehenden Kinder greifen unter den Armen des vorderen Kindes durch und halten es so fest. Die beiden TorhüterInnen fassen sich an den Händen.
Auf ein Zeichen der Spielleitung hin ziehen beide Teams, bis eine der Reihen auseinander bricht oder ganz auf die andere Seite gezerrt wurde.

Gólya viszi a fiát – Der Storch trägt seinen Sohn

Viele ungarische Reime und Lieder beschäftigen sich mit der heimischen Tierwelt, und da es in Ungarn viele Störche gibt, gehören diese Gesellen natürlich zu den Lieblingsthemen, ebenso wie die Frösche, die ja bekanntlich ihre Lieblingsmahlzeit sind.

Für Kleinkinder:
Ein Erwachsener oder zwei Kinder nehmen das Kleinkind auf den Arm oder auf die „Sitzschaukel" und tragen es in schnellen Schritten zum Rhythmus des Liedes.

Für Größere:
Zwei Spielerinnen fassen sich über Kreuz an den Handgelenken. Ein Dritter setzt sich auf diesen „Sitz" und lässt sich zum Reim herumtragen, dann wird abgewechselt.

Gólya viszi a fiát	Der Storch trägt seinen Sohn	*(tragen und schaukeln)*
Hol leteszi, hol felveszi	Lässt ihn fallen, hebt ihn auf	*(hoch und runter)*
Csüccs!	Plumps!	*(schnell in die Hocke gehen)*
Gólya viszi kis fiát	Der Storch trägt seinen Sohn	*(tragen und schaukeln)*
Rongyos lepedöbe.	In einem Lumpentuch	*(hin und her schwenken)*
Gólya viszi a fiát	Der Storch trägt seinen Sohn	*(tragen und schaukeln)*
Mi meg a kis Marikát!	Und wir tragen Klein-Marie	*(hochheben und sanft schütteln)*

Tschechische Republik & Slowakische Republik – Land der Böhmen und Mähren

Seit der Auflösung der Tschechoslowakei 1993 bilden Slowakei und Tschechien jeweils eigenständige Republiken, ihre kulturellen Wurzeln aber liegen in einer gemeinsamen böhmischen Tradition, die mit ungarischer (fast tausendjährige Herrschaft) und österreichischer (K.u.K. Zeit) Volkskunst bis heute in engem Kontakt steht. Die außergewöhnlich poetischen und fantasievoll vertonten tschechischen Kinderfilme (Märchen), Scherenschnitt-, Puppen- und Zeichentrickfilme begeistern seit Jahren Kinder wie Erwachsene (Pan Tau oder Oleg & Boleg) weit über die Landesgrenzen hinaus.
Die Tschechische Sprache hat nur wenige Vokale und hält für uns Ausländer echte Zungenbrecher bereit. Wer's ausprobieren möchte, bitte schön:

Strc prst skrz krk! Steck dir den Finger in den Hals!

Die Tritsch-Tratsch-Polka

„Wie geht's? Wie steht's? Schon lange nicht geseh'n!"

Die Polka ist ein lebhafter Paartanz, der ursprünglich aus Böhmen stammt. Der Legende nach wurde dieser Volkstanz von einem böhmischen Bauernmädchen erfunden. Die Grundschrittfolgen sind recht einfach. Die tschechischen Komponisten Bedrich Smetana und Antonín Dvorák schrieben viele weltberühmte Polkas.

Die Tritsch-Tratsch-Polka von Johann Strauß ist eine der beliebtesten und meistgespieltesten Polkas. Nach den ersten Takten erkennen selbst unerfahrene HörerInnen das Stück. „Aaaach so! Das ist also die Tritsch-Tratsch-Polka!"
Die Tritsch-Tratsch-Polka ist nicht mehr, aber auch nicht weniger als eine Einladung zum heiteren Tanz. Mit ihrem äußerst humorvollen, fast kichernden musikalischen Dialog ragt sie aus dem Repertoire der Strauß'schen Polkas heraus. Die Kinder hüpfen im Polkaschritt im Kreis herum. Dabei wechseln sie beim Polkadreher die Tanzpartner. Manchmal trifft man sich dann wieder: „Hei, ich bin's. Da guckst du!" – „Wie geht's? Wie steht's? Schon lange nicht gesehn! ..."

Anzahl: mindestens 10 TänzerInnen
Musik: Tritsch-Tratsch-Polka

Tritsch-Tratsch-Polka-Galopper

Ein wilder ausgelassener Hopstanz!

Alter: ab 5 Jahren

- Die Jungen bilden einen kleineren Innenkreis und tänzeln im Uhrzeigersinn. Die Mädchen bilden einen größeren Außenkreis und tänzeln gegen den Uhrzeigersinn. Alle Kinder hüpfen wie Lippizanerpferdchen mit Nachstell-Polka-Schrittchen im Kreis.
- Auf ein Zeichen der Tanzleitung bleiben die TänzerInnen stehen: Die Jungen haken sich mit den Armen bei dem nächststehenden Mädchen ein und drehen sich im Kreise herum.
- Auf ein Zeichen der Tanzleitung bilden nun die Mädchen den Innenkreis und die Jungen tanzen außen herum ...

Anmerkung: Die Jungen und Mädchen können auch in zwei gemischten Gruppen tanzen, statt nach Geschlechtern getrennt.

Tritsch-Tratsch-Polka-Kreuzschritt

Alter: ab 7 Jahren

Die TänzerInnen stellen sich paarweise hintereinander auf. Die Pärchen stehen sich gegenüber und fassen sich die Arme über Kreuz an den Händen.
Mit kurzen Nachstellschrittchen hüpfen sie im Kreis: Die TanzpartnerInnen müssen dazu ihre Bewegungen gut aufeinander abstimmen.
Auf ein Zeichen der Tanzleitung drehen sich die Kinder schnell herum, ohne die Fassung zu lösen!
Und weiter geht's in entgegengesetzter Richtung ...

Die Moldau: Hörerlebnis von der Quelle bis zum Meer

Die „Moldau" ist das weltbekannte Werk des tschechischen Komponisten Bedrich Smetana. Es beschreibt den Lauf der Moldau von den zwei Quellen im Böhmerwald (Tschechische Republik) bis zur Mündung in die Elbe. Böhmerwald bedeutet auf tschechisch „Sumava" = Rauschen, das man sowohl auf den Wald wie auf das Wasser beziehen kann.
Das Spiel beginnt mit wenigen, leisen Tönen, um die Quelle zu kennzeichnen. Dann kommen immer mehr Instrumente in immer größerer Lautstärke dazu, um zu verdeutlichen, dass aus dem kleinen Quellbach ein immer größerer Flusslauf wird. Dieser Eindruck verstärkt sich weiter und weiter, bis die Moldau schließlich in die Elbe mündet und sich mit ihr zu einem „majestätischen" Fluss vereinigt.

Die Musik hören & mitschwimmen ...

Alter: ab 5 Jahren
Musik: Die Moldau von Bedrich Smetana

Die Kinder sitzen in einem „Hörkreis" und lauschen der Musik.
Murmelnde Flöten- und Klarinettenläufe beschreiben die beiden Moldauquellen.
Das Musikthema „fließt" durch Wiesen und Wälder.
Hornsignale beschreiben eine Jagdszene am Ufer. Der wogende Rhythmus verwandelt sich in einen beschwingten Polka-Takt. Eine Bauernhochzeit ist am Ufergestade zu hören. Die heiteren Klänge verhallen und die Dunkelheit bricht herein.
Im Wasser spiegelt sich glitzernd das Mondlicht und eine zarte Streichermelodie erklingt.
Gedämpfte Blechfanfaren künden von stolzen Burgen, die das nächtliche Ufer säumen.
Nach wenigen Takten ist es wieder Tag. Trompetenfanfaren, wilde Streicherläufe und

schrille Piccoloklänge lassen die Stromschnellen von St. Johann erklingen! Das Wasser schäumt und die Fluten brodeln.
Am Ende fließt die Moldau gemächlich weiter.
Das Hauptthema erstrahlt monumental in Dur, der Fluss findet seinen Weg nach Prag. Die Musik löst sich in reine E-Dur-Dreiklänge auf und verklingt im Pianissimo.

Was verbirgt sich hinter der eingängigen Melodieführung des Moldauthemas?
Werden die ersten zwölf Melodietöne des Themas in Dur statt in Moll gespielt, erklingt das Lied „Alle meine Entchen"!

Die Wasserorgel blubbert heiter

Inspiriert von „Der Moldau" spielen die Kinder das Wasserorgel-Blubberspiel.

Alter: ab 4 Jahren
Material: Wasserorgeln (verschieden große Glasbehälter, unterschiedlich hoch mit Wasser gefüllt), Strohhalme

Die Kinder erhalten jeweils eine Wasserorgel und einen Strohhalm. Je nach Wassermenge und Volumen der Gläser klingen die Blubbergeräusche anders.
Die Kinder lernen ihren Atem dosiert einzusetzen. Sie probieren verschiedene Blubbergeräusche aus und vertonen dann gemeinsam die Reime vom Wassertropfen.
Sie sprechen die Verslein vom Wassertropfen auf. Nach jeder Strophe wird mit der Wasserorgel Blubbermusik erzeugt: vom leisen Wasserplätschergeräusch über sanftes Blubbern hin zum Blubberblasen-Crescendo!

I. Das Wasser fällt als Regen vom Himmel und sammelt sich in Quellen

Ein Tropfen Wasser fällt
Vom Himmel auf die Erde
Frisch und klar aus einem Quell
Fließt er in einem Bächlein schnell
Durch Wiesen und durch Wälder
Vorbei an Dorf und Felder

II. Das Wasser fließt weiter in Rinnsal und Bach

Der Bach fließt immer weiter
In einen großen Fluss
Immer weiter bei Nacht und Tag
Am Ufer liegt das schöne Prag
Es funkelt glitzernd hell im Nass
Dem Wassertropfen macht das Spaß

III. Die Bäche plätschern in Flüsse und strömen den Meeren entgegen

Er gluckst und sprudelt immer fort
Der Fluss fließt nun von Ort zu Ort
Die Ufer werden weit und breiter
Die Wassertropfen plätschern heiter
Gemächlich gleitet nun der Strom
Ins Meer, man sieht die Mündung schon

Der Wassertropfen ist nun am Ende seiner Reise, doch bald erhebt er sich als Wasserdampf. Und dann: Fängt das Spiel von vorne an ...

Bulgarien und Rumänien – Hochzeitskapellen & Zigeunermusik

In Bulgarien hat Musik immer eine große Rolle gespielt und die Bulgaren stets in ihrem Alltag begleitet: Die wilde tschalga-Hochzeitsmusik zum Beispiel ist eine grandiose Mischung aus westeuropäischen, orientalischen, bulgarischen, griechischen, türkischen, Roma- und anderen Elementen. Bulgarische Gesangsformen, die erst im 20. Jahrhundert mit abendländischen Harmoniebegriffen zusammentrafen, haben eine eigenwillige Phrasierung. Unbeeinflusst der Wirkung der Unterhaltungs- und Schlagermusik, bewahrt der bulgarische Gesang seinen ursprünglichen und ausdrucksvollen Glanz – anzuhören mit geschlossenen Augen!

Rumänien ist ein Land der klaren Seen, dunklen Wälder und einsamen Burgen. Wie jedes Kind weiß, ist dort die Heimat der Vampire. In Transsilvanien, dem „Land jenseits des Waldes", lebte einst Graf Dracula. Die rumänische Kultur hat ihren Ursprung weitgehend in der Kultur der Römer. Slawische, ungarische, griechische und türkische Einflüsse zeigen sich vor allem in Märchen, Lyrik und Volksmusik, die seit jeher einen hohen Stellenwert genießen.

Edno, dwe, tri... – so zählen die Bulgaren

edno – eins	**dwe** – zwei	**tri** – drei
tschetri – vier	**pet** – fünf	**sches**– sechs
sedem – sieben	**ossem** – acht	**dewet** – neun
desset – zehn		

Pipi vleze vuv salona
i natisna telefona
Telefona kaza zun
Pipi se nameri vun

Pipi kommt in den Salon
Und drückt auf das Telefon.
Das Telefon gibt einen Klang
Pipi findet sich draußen wieder

Unu, doi, trei ... – so zählen die Rumänen

unu – eins	**doi** – zwei	**trei** – drei	**patru** – vier	**cinci** – fünf
sase – sechs	**sapte** – sieben	**opt** – acht	**noua** – neun	**zece** – zehn

Uno, doi, trei, patru
cinci, sase, sapte, opt, noua,
tata face casa noua
cîte cui îi treruie lui?
Uno, doi, trei, patru ...

1 – 2 – 3 – 4
5 – 6 – 7 – 8 – 9
Der Vater baut ein Haus
Wie viel Nägel braucht er dazu?
1 -2 – 3 – 4 ...

Tigancusa – Kleine Zigeunerin

Rumänische Kinder- und Volksweisen sind oft herzzerreißende Liebeshymnen oder Lieder über Sehnsucht, Trennung und Fernweh. Die Sprache der Lieder ist eher einfach gehalten und ähnelt in ihrem Wesen einem umgangssprachlichen Lateinisch.
Ein Wort kann dabei für verschiedene Bedeutungen benutzt werden.

Alter: ab 4 Jahren

La o margine de sat
sade o satrá de tigani
si-o tiganca cu ochi negri/par negru
mi-a zimbit de sub castani

Am Rande eines Dorfes
ist ein Zigeunerzelt
und eine Zigeunerin mit schwarzem Aug und Haar
hat mich unter der Kastanie angelächelt

Die Kinder stehen in einem Kreis und sagen den Vers rhythmisch auf.
Ein Kind läuft den Innenkreis entlang.
Ist der Vers zu Ende, bleibt das Kind stehen und lächelt (blinzelt) sein Gegenüber an.
Das angelächelte Kind darf in den Kreis und die nächste Runde beginnt.

Sinti & Roma – Fahrendes Volk

Das „Fahrende Volk“ hat mehr zur Verbreitung der europäischen Volksliederkunst beigetragen als jedes andere. „Sinti und Roma“ ist die offizielle Bezeichnung für das Volk, das viele unter dem Namen „Zigeuner“ kennen. Die meisten Angehörigen dieser Minderheiten möchten nicht „Zigeuner“ genannt werden, da dieser Begriff oft abfällig mit „ziehender Gauner“ assoziiert wird. Sprachwissenschaftler dagegen leiten den Begriff „Zigeuner“ von dem persischen Wort „Ciganch“ (Musiker, Tänzer) oder dem byzantinischen Wort „Atciganoi“ (Unberührbare) ab.
Sinti und Roma sind einst von Indien losgezogen. Ihre Wanderung Richtung Europa dauerte mehrere Jahrhunderte. Sie verweilten längere Zeit in Persien, in der Türkei, vor allem aber in Griechenland und den rumänischen Fürstentümern.
Gegen Ende des 14. Jahrhunderts begannen sie von da aus in den Westen zu wandern, allerdings nicht als Volk, sondern in Gruppen verschiedener Größe. Im 16. Jahrhundert waren sie in den meisten Ländern bekannt. Da sie vielerorts unerwünscht waren und ihnen der Zugang zur „ordentlichen“ Arbeits- und Berufswelt verwehrt wurde, blieb ihnen oft gar nichts anderes übrig, als sich ihren Lebensunterhalt mit Musik zu verdienen.
Eine einheitliche „Zigeunermusik“ gibt es jedoch nicht. Die Musik der Sinti und Roma wurde von den musikalischen Traditionen der jeweiligen Länder beeinflusst, in denen sie lebten. Umgekehrt aber machten sie durch ihre Wanderungen orientalische Musiken in Europa erst bekannt und beeinflussten so ihrerseits die einheimische Musik.

Wie die Geige zu den Menschen kam ...

Bei der Musik der Roma und Sinti spielt die Violine die erste Geige. – Kein Wunder, dass viele Märchen und Sagen des fahrenden Volkes sich um ihr liebstes Instrument drehen:
„Hoi! Und er spielt Geige, als meint sich es weint einer ...“
Das Märchen über die Erschaffung der allerersten Geige stammt aus der rätselhaften Mythologie- und Sagenwelt der Roma.

Es war einmal ein Ehepaar, das wünschte sich von Herzen ein Kind. Eines Tages begegnete die Frau im Wald einem alten Weiblein. Nachdem die beiden sich begrüßt hatten, nuschelte die zahnlose Alte: „Du hast einen großen Wunsch, hab ich recht?“ Die Frau nickte überrascht. „Ja“, antwortete sie, „woher weißt du das?“ „Ach“, murmelte die Alte. „Ich weiß noch viel viel mehr. Aber jetzt will ich dir verraten, was du tun musst, um ein Kind zu kriegen. Geh nach Hause, zerschlag einen Kürbis, gieß Milch hinein und trink diese Milch. Dann wirst du einen Sohn bekommen.“
Kaum waren die Worte ausgesprochen, verschwand das geheimnisvolle alte Weib.
Die Frau aber lief schnell nach Hause und trank Milch aus einem zerschlagenen Kürbis. Und tatsächlich: neun Monate später bekam sie einen Sohn. Doch schon bald starb die Mutter und als der Junge zwanzig Jahre alt wurde, starb auch sein Vater. Da dachte sich der Sohn: „Was soll ich hier noch ganz alleine? Ach! Ich gehe fort und suche mein Glück in der Ferne.“
Der junge Mann wanderte durch die Welt, aber sein Glück fand er an keinem Ort.
Eines Tages kam er in eine schöne Stadt, in der ein sehr reicher König wohnte. Dieser König wollte seine Tochter nur dem Mann zur Frau geben, der ihm etwas bringen konnte, das es auf der Welt noch nicht gab. Als der junge Mann durch die Straßen ging, sah er die Königstochter in ihrer goldenen Kutsche vorbeifahren. Er verliebte sich in die Schöne, ging mutig zum König und sagte: „Ich will Eure Tochter zur Frau haben. Was soll ich dafür tun?“
Der König erzürnte und fuhr ihn böse an: „Du fragst, was du tun sollst? Du weißt doch, dass ich meine Tochter nur demjenigen zur Frau gebe, der etwas bringen kann, was noch niemand auf der Welt gesehen hat. Weil du aber so dumm gefragt hast, sollst du im Kerker verschmachten!“
Daraufhin packten die Diener den Jüngling und sperrten ihn in einen finsteren Kerker. Da lag er nun, dachte an die schöne Königstochter und weinte.

Plötzlich wurde es um ihn herum ganz hell und eine Frauengestalt erschien. „Ich bin die Matuya, die Königin der Feen", sagte sie, „und ich bin gekommen, um dir zu helfen. Sei nicht traurig, du wirst die Königstochter schon noch heiraten. Hier hast du eine kleine Kiste und ein Stäbchen." Die Matuya zog ein hölzernes Kästchen und ein Stäbchen aus ihrem Kleid und reichte es dem staunenden Jungen. „Und jetzt", verlangte die Fee, „reiß mir ein paar lange Haare aus und spanne sie über die Kiste und das Stäbchen."
Der junge Mann beeilte sich, zu tun, was ihm die Matuya gesagt hatte. Als er fertig war, befahl sie: „Jetzt streich mit dem Stäbchen über die Haare auf der Kiste!"
Aus dem Kästchen erklang ein schauerliches Gequietsche. „Gib mir die Kiste noch einmal", sagte die Matuya, „ich habe etwas vergessen. Denn aus dieser Kiste soll eine Geige werden, die Menschen froh oder traurig machen kann, je nachdem wie du es willst."
Der Junge reichte ihr die Kiste. Matuya nahm die Kiste und lachte ihr silberhelles Lachen in das Loch hinein. Gleich darauf fing sie an zu weinen und ließ ihre Tränen hineinfallen. Dann gab sie dem jungen Mann das Kästchen zurück.
Als er jetzt mit dem Stab über das Kästchen fuhr, kamen auf einmal Töne und Melodien daraus hervor. Es klang zauberhaft schön, mal fröhlich wie das silberhelle Lachen der Matuya und dann wieder traurig wie ihr Weinen. „Nun hast du etwas, das die Menschen noch nicht kennen", sprach die Matuya. „Geh damit zum König, und dein Wunsch wird dir erfüllt werden."
Der Jüngling lief zur Tür seines Kerkers, hämmerte dagegen und ließ sich zum König führen. „Du?!", rief der König erzürnt, als er ihn erkannte. „Was willst du denn noch hier?"
Der junge Mann holte sein Instrument hervor und begann zu spielen. Ein lustiges Tanzlied erklang durch den Saal, fröhlich wie das silberhelle Lachen der Matuya. Ob sie wollten oder nicht, sie mussten alle dazu tanzen, die Minister, die Prinzessin, die Königin und auch der König.
Nach einiger Zeit aber wechselte der junge Mann die Melodie. Ganz traurig klang es jetzt, wie das Weinen der Matuya. Alle im Saal blieben stehen und fingen an zu weinen. Selbst dem König rollten dicke Tränen über die Backen. Schließlich beendete der junge Mann sein Spiel.
Da trat der König auf ihn zu und sprach: „Du hast uns tatsächlich etwas gebracht, das es bisher auf der Welt noch nicht gab. Du sollst meine Tochter zur Frau bekommen."
Die beiden feierten also Hochzeit und lebten sehr glücklich miteinander. Bis heute kann man aus dem Kästchen das silberhelle Lachen und Weinen der Matuya hören.
Ja – so kam die Geige zu den Menschen.

Ukraine – Land der Reiter und Artisten

Die Ukraine wird von Flüssen wie der Wolga, dem Don, dem Dnjepr und dem Dnister durchzogen. Diese Wasserstraßen wurden schon sehr früh als Handelswege genutzt. Im Laufe der Geschichte geriet das Grenzland zwischen Ost & West unter den Einfluss verschiedener Kulturräume. Auch andere Nomadenvölker beeinflussten seine Geschichte.
Artistische Reitervölker wie Tataro-Mongolen und Kosaken mit ihren akrobatischen Kunststücken prägen bis heute die ukrainische Volkskunst. Viele ukrainische Kinder träumen von einer Ausbildung an der Staatlichen Zirkus-Schule in Kiew. Ukrainische Zirkuskapellen und Artisten treten in den großen Zirkusarenen Europas auf. Ob bei Roncalli, Renz, Busch-Roland oder dem Circus Knie. Ihre Kunststücke werden bevorzugt von Kosakenmusik begleitet.

Akrobatischer Kinderzirkus mit Igor & Olga

Eine Spielaktion mit rhythmischen Gymnastik-Kunststücken, inspiriert von der temperamentvollen Musik des legendären Säbeltanzes aus dem Ballett „Gajaneh“ von Aram Khatchaturian.
Rhythmische Sportgymnastik ist ein Leistungssport, bei dem ukrainische Mädchen zur Weltspitze zählen. Sie brillieren durch Eleganz in der Bewegung, durch Ausdruck und Harmonie. Mit Ball, Keule, Reifen, Band und Seil tanzen sie akrobatische Kunststücke vollendet im Takt der Musik. Bei unserem Zirkus steht eher der vergnügliche Aspekt im Vordergrund. Die KünstlerInnen zeigen Kasatschok-Luftsprünge, Seidentuchjonglage, Säbel-Steckentanz und eine Steckenpferd-Dressur, präsentiert von der Reitkünstlerin Olga und dem wilden Akrobaten Igor!

Alter: ab 5 Jahren
Material: Turnkleidung, Verkleidungs- und Zirkus-Spielutensilien (Pluderhosen, Tanzstiefel, Holzschwerter, Seidentücher, Styroporkugeln, Schminke ... usw.)
Musik: Säbeltanz aus dem Ballett „Gajaneh“ von Aram Khatchaturian (Komm Brüderchen! Trink Kosakenkaffee)

Die AkrobatInnen üben ihre Kunststücke wie in einer echten kleinen Zirkusschule. Haben die einzelnen Artistengruppen (Jongleure, Dressurpferdchen, TurnerInnen, SäbeltänzerInnen) ihre Kunststückchen eifrig geübt, proben sie gemeinsam für die Aufführung. Das musikalische Thema unseres Kinderzirkus ist der Säbeltanz von Aram Khatchaturian. Der mitreißende Rhythmus dieser Musik mit seinem inspirierenden Elan gibt der Aufführung erst den erfrischenden Schwung.

Die Aufführung
Der Zirkusdirektor ruft die einzelnen ArtistInnen in die Arena.
Der Säbeltanz erklingt.
Die Kinder zeigen ihre Kunststücke zum Rhythmus der feurigen Kosakenmusik.
Zum Abschluss bilden die Kinder eine artistische Menschenpyramide. Sie winken ins Publikum und verlassen stolz wie Kosaken unter großem Applaus die Manege ...

Geschickte Jongleure

Unerfahrene JongleurInnen probieren erst mal eine einfache Seidentuchjonglage: Seidentuch in die Luft werfen – auffangen ... Erst ein Tuch, dann zwei, dann drei ...
Wer Ballgefühl, Talent, Spaß und Ehrgeiz hat, versucht es dann mit Bällen: Einen Ball ganz schön hoch in die Luft werfen und mit der anderen Hand auffangen ...
Zwei Bälle in die Hand nehmen. Den ersten Ball in die Luft werfen und vor dem Auffangen den zweiten werfen ...
Schließlich das Ganze mit drei Bällen ...

Wilde Pferde

Die jüngeren ArtistInnen hüpfen im Galoppschritt im Kreis herum. Die „strenge Olga" gibt das Signal zu verschiedenen Hüpfern und Kehrtwendungen. Als besondere Attraktion bekommen die Pferdchen die Augen verbunden und laufen im Slalom um einen kleinen Rundparcours mit leeren Flaschen. Ob mit oder ohne Steckenpferd. Für kleine Hüpfer ein Vergnügen zum Wiehern!

Gelenkige AkrobatInnen

Wer Lust an sportlicher Betätigung hat, macht wilde Bocksprünge, Purzelbäume und Übungen aus der Sportgymnastik. Für Kinder, die Freude am Turnen haben, gibt es hier die Möglichkeit ihr Können zu präsentieren: Handstand, Kopfstand, auf den Händen laufen, Seiltanzen, Rhythmischer Tanz mit Bändern oder Reifen. Vielleicht gibt es sogar einen besonders gelenkigen Schlangenmenschen, der es schafft, die Füße hinter den Kopf zu klemmen.

Der Säbeltanz

Die TänzerInnen wirbeln Holzschwerter (oder Stecken) herum. Sie imitieren mit tänzerischen Hieb- und Stichbewegungen einen Schwertkampf. Beim Einstudieren des Säbeltanzes werden die Bewegungen in Zeitlupe ausgeführt. Mit der Zeit geht's dann zur Musik immer schneller ...

Hey-hey-Kasatschok

Der Kasatschok ist ein aus der ukrainischen Folklore entlehnter, populärer Tanz, dessen Name nichts anderes bedeutet als Kosakentanz. Die Kosaken zeigen beim Kasatschok ihre Wendigkeit, ihre Kraft und ihre Geschicklichkeit mit akrobatischen Luftsprüngen. Je höher der Sprung, desto angesehener der Tänzer.

Die TänzerInnen stehen in einer Reihe und kreuzen die Arme vor der Brust. Mit zackigen Bewegungen schlagen sie die Fersen gegeneinander. Auf ein Zeichen hin strecken sie die Beine möglichst hoch in die Luft. Dann in die Hocke gehen. Besonders gelenkige Tanzmäuse führen mit den Beinen in Hockstellung so genannte Prisjadki (Hockschleudern) aus.

Russland – das weite Land mit der großen Seele

Russland ist ein geheimnisvoll weites Land und die russische Seele ist tief. So tief wie der tiefste See der Erde: der Bajkalsee. Die Heimat weltberühmter Komponisten, Tänzer, Artisten Maler, Dichter und Schriftsteller widmet der Kunst und Nachwuchs-künstlerInnen große Aufmerksamkeit. Es wird gemalt, gedichtet, getanzt und musiziert. Die Menschen gehen zu Ausstellungen, in den Zirkus, in Konzerte und zu Ballettvorführungen, zu Lesungen und zu Vorträgen, wann immer es ihnen möglich ist. Vielleicht, weil Kreativität in Russland schon immer angesagt war.
Eine überaus reiche und traditionell wunderschön illustrierte Kinderliteratur regt die Kleinen schon früh zum Lesen an. Und es wird viel gelesen in Russland: Die Märchenhexe Baba Jaga, die in einer Hütte auf einem Hühnerbein lebt und eiserne Zähne hat, ist jedem Kind bekannt. Russische Kinderlieder gibt es in Hülle und Fülle – und in allen Sprachen, die in diesem endlosen Land gesprochen werden.

Adin, twa, tri ...

adin – eins	**twa** – zwei	**tri** – drei	**tschitirje** – vier	**pjatj** – fünf
schest – sechs	**sjem** – sieben	**wosjem** – acht	**djevit** – neun	**djesit** – zehn

na solotom krylze sideli	Am goldenen Tor
zar, zarevic, karol, karalevic	Saßen Zar und Zarewitsch, König und Königssohn
saposchnik – portnoi	Schuster und Schneider
kto ty budesch takoj?	Und wer bist du?

Zur Aussprache: s am Anfang wie **ß**

Bájuschki, bajú – Schlaf in Ruh

Nr. 27

Ein weit über die russischen Grenzen bekanntes, wunderschönes Wiegenlied. In Russland heißen Wiegenlieder „kalybelnaja" und in Weißrussland „kalyhanka". Klingt das nicht schon wie das sanfte Schaukeln einer Kinderwiege?

Text und Musik: trad., Russland
Bearbeitung Text und Musik: D. Ferber

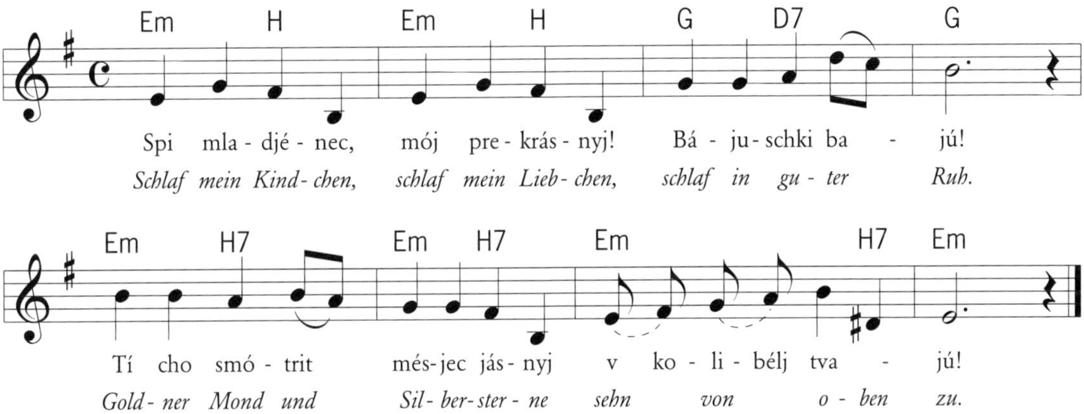

2. Spi mladjénec, mój prekrásnyj! Bájuschki bajú!
Tícho smótrit mésjec jásnyj v kolibélj tvajú!

Singen will ich dir Geschichten, sei im Traum bereit
Du mit schönen, wilden Pferden reitest durch die Steppe weit

Die Ballett Compagnie präsentiert den Kinder-Klassiker:

Der Nussknacker – ein Kinderballettmärchen

Bereits 1816 dichtete E.T.A. Hoffmann das Kindermärchen vom „Nussknacker und Mausekönig".
1882 lernte der russische Komponist Tschaikowsky eine von Alexander Dumas bearbeitete Version dieses Märchens kennen. 1890 gibt der Erfolg seines „Dornröschen"-Balletts am Petersburger Marien-Theater den Anstoß, sich diesem Stoff erneut zuzuwenden.
Tschaikowsky und E.T.A. Hoffmann verband die Fähigkeit, sich in die Welt der Kinder versetzen zu können.
Der Autor E.T.A Hoffmann selbst über seine Geschichte, die 1816 veröffentlicht wurde: „Es ist zum Erstaunen, wie richtig, wie lebendig Kinder manches im Geiste auffassen, das manchem grundgescheiten Papa gänzlich entgeht."
„Der Nussknacker" ist ein beliebtes Kinderballett, das zur Vorweihnachtszeit unter Mitwirkung von Kinderscharen regelmäßig auf die Bühne gebracht wird.
In der Ballett-Tanzgeschichte, die von der das Böse besiegenden Kraft der Liebe erzählt, führt ein kleines Mädchen mit Namen Klara das gute Ende herbei ...
Die melodische Intensität von Tschaikowskys Stücken lässt genügend freien Raum für gestalterische Interpretationen. Die Musik beschwingt und regt zum Mitsummen und zur Bewegung an. Sie ist so konzipiert, dass die musikalischen Anfangsthemen immer wieder aufgegriffen werden, und somit nicht nur für Kinder angenehm zu hören sind.

Alter: ab 6 Jahren
Material: Weihnachtsbaum (z. B. aus Pappe, großes Geschenkpaket mit vielen kleinen Päckchen, Holznussknacker, 1 Pantoffel, Krone, Süßigkeiten, Bettfedern,
Musik: Die Szenen der Spielaufführung wurden mit Hilfe der Aufnahmen des Royal Philharmonic Orchestra London erarbeitet. Daneben gibt es unzählige CD-Versionen, die sich qualitativ sehr wohl unterscheiden.

Vorbereitung:
Tanzkostüme und Tanzutensilien besorgen oder anfertigen.
Der Aufwand richtet sich nach Zeit, Geldbeutel und Fantasie. Von einem einfachen Mäuseschwänzchen bis zum kompletten Mausekostüm ist alles möglich.

Mitwirkende:
Klara, Vater, Mutter, Bruder Fritz, Onkel Drosselmayer, Nussknacker-Prinz, eine Schar Freunde und Verwandte, Mäusekönig, Mäuseschar

Erster Akt

Kurzbeschreibung:
Es ist Weihnachten. Alle Freunde und Verwandte haben sich zum großen Weihnachtsfest versammelt. Klara und Fritz, die beiden Kinder der Familie, freuen sich ganz besonders auf den Onkel Drosselmayer und seine Geschenke. Klara bekommt einen Nussknacker, den sie über alles liebt.
Vor lauter Aufregung schläft Klara ein: Im Traum erscheint der lebendige Nussknacker und kämpft mit seinen Zinnsoldaten gegen den Mäusekönig und dessen Mäuseschar. Klara verhilft dem Nussknacker zum Sieg. Der Nussknacker verwandelt sich in einen Prinzen, indem Klara ihm eine Krone aufsetzt. Zum Dank für die Rettung lädt der Nussknacker Klara ins Königreich der Süßigkeiten ein.

Tänze/musikalische Szenen:
1. Ouvertüre
2. Nussknacker-Marsch
3. Drosselmayers Auftritt und die Bescherung
4. Der Großvatertanz und Abschied der Gäste
5. Ein Tannenwald im Winter
6. Der Kampf
7. Der Prinz und die Zuckerfee
8. Schneeflockenwalzer

Erster Akt Szene 1: Ouvertüre
Mitwirkende: Vater, Mutter, Klara, Fritz, Freunde, Verwandte

Vater und Mutter begrüßen die Gäste (Zuschauer) mit einer feierlichen Verbeugung.
Die Ouvertüre-Musik setzt ein.
Klara, ihr Bruder Fritz, ihre Vettern und Kusinen, Freunde und Freundinnen tanzen einander an den Händen haltend auf die Bühne.
Alle Kinder bilden eine Reihe (Musik ausfaden) und verbeugen sich.

Erster Akt Szene 2: Nussknacker-Marsch
Mitwirkende: Vater, Mutter, Klara, Fritz, Freunde, Verwandte, Onkel Drosselmayer

Die Kinder vollführen zur beschwingten Musik des Nussknacker-Marschs einen Galopp-Kreis-Hüpftanz. Nach einer Weile schreitet Onkel Drosselmayer gemächlich in den Kreis. In den Händen balanciert er ein großes Geschenkpaket. Die Tanzkinder öffnen eine Gasse. (Musik ausfaden)
Die Kinder setzen sich zu Boden und blicken erwartungsvoll zu Drosselmayer.

Erster Akt Szene 3: Drosselmayers Auftritt und die Bescherung
Mitwirkende: Vater, Mutter, Klara, Fritz, Freunde, Verwandte, Onkel Drosselmayer

Drosselmayer verteilt nach und nach mit Begrüßungsgesten viele kleine Päckchen aus seinem Geschenkpaket an die Tanzkinder. Jedes Kind, das ein Päcken erhält, steht auf und tanzt sich freudig drehend im Kreis herum.
Klara bekommt ein Päckchen, das sie sogleich auspackt. Ihr Geschenk ist ein Nussknacker, über den sie sich riesig freut. Sie stellt ihn auf den Boden und hüpft um ihn herum. Alle Kinder fassen sich an den Händen und tanzen um Klara und den Nussknacker.
Plötzlich wirft Fritz höhnisch grinsend den Nussknacker um. Alle sind erschrocken und erstarren im Nu. Die Musik bricht ab (CD-Player Stop Taste). In diesem Moment ergreift Klara die Nussknackerholzfigur und tröstet sie.

Erster Akt Szene 4: Der Großvatertanz und Abschied der Gäste
Mitwirkende: Vater, Mutter, Klara, Fritz, Freunde, Verwandte (Großvater), Onkel Drosselmayer

Zum Abschluss der Weihnachtsfeierlichkeit tanzen alle Anwesenden den „Großvater-Tanz“: Alle Tanzkinder imitieren zur Musik mit Beugegang-Tanzgesten Großvaters Gang. Nach und nach verschwinden sie mit Winke-Winke von der Bühne (und bereiten sich auf Szene 5 vor). Klara bleibt alleine auf der Tanzfläche zurück. Sie hält ihren Nussknacker liebevoll in die Höhe und wagt ein kleines Solotänzchen (dreht sich im Kreise und hält den Nussknacker in die Höhe). Dann legt sie sich hin und schläft ein. (Musik ausfaden/ ggf. Licht aus)

Erster Akt Szene 5: Ein Tannenwald im Winter – Der Kampf
Mitwirkende: Klara, Nussknacker-Prinz (jetzt als Tanzkind), Mäusekönig & Mäuseschar, Zinnsoldaten

Klara träumt einen wilden Traum: Tanzmäuse huschen aus ihren Verstecken auf die Tanzfläche. Der Mäusekönig erscheint. Der Nussknacker (jetzt ein Tanzkind) winkt „seine Zinnsoldaten“ herbei. Sie kämpfen tänzelnd gegen die Mäusehorde, die der Mäusekönig anführt.
Nach kurzem Kampftanz hilft Klara mit mutigen Tanzsprüngen und wilden Gesten den ZinnsoldatentänzerInnen. (Diese Szene wird durch die „stürmische Komposition“ zu einem furiosen Spektakel.) Klara entscheidet den Kampf für die Zinnsoldaten, indem sie ihren Pantoffel nach den Mäusen wirft. Die Musik bricht ab (CD-Player Stop Taste).
Darauf huschen die Mäuse schleunigst von der Tanzfläche (und bereiten sich auf Szene 7 vor).

Erster Akt Szene 6: Der Prinz und die Zuckerfee
Mitwirkende: Klara und der Nussknacker-Prinz

Der Nussknacker verwandelt sich in einen schönen Prinzen, indem Klara ihm eine Krone aufsetzt.
Zum Dank für seine Rettung lädt der Nussknacker-Prinz Klara ins Königreich der Süßigkeiten ein. Er reicht ihr mit höflicher Tanzgeste verschiedene Süßigkeiten. Klara nimmt die Geschenke huldvoll entgegen. Schließlich tanzen beide im Duett von der Bühne. (Musik ausfaden/ ggf. Licht aus)

Erster Akt Szene 7: Schneeflockenwalzer
Mitwirkende: Alle Tanzkinder, Klara, Nussknacker-Prinz

Zum Abschluss des ersten Akts tänzeln alle Kinder wie Schneeflocken auf die Tanzfläche. Sie wirbeln herum und pusten flauschige Bettfedern ins Publikum. Klara und der Nussknacker-Prinz tanzen mit den Schneeflocken, die immer schneller herumwirbeln. Nach und nach verlassen die „SchneeflockentänzerInnen" das Geschehen. Klara und der Nussknacker-Prinz verlassen die Tanzfläche als letzte.

2. Akt

Kurzbeschreibung:
Klara und ihr Prinz werden im zweiten Akt auf Schloss Konfitürenburg wieder von den Mäusen verfolgt. Der Nussknacker-Prinz vertreibt schließlich Mäusekönig und Mäuse. Anschließend findet auf Schloss Konfitürenburg ein Tanzball statt, bei dem Klara eine tänzerische Traumreise rund um die Welt vorgeführt bekommt.
Morgens wird Klara schließlich von der Mutter geweckt und stellt fest, dass die ganze Geschichte nur ein Traum war.

Tänze/musikalische Szenen:
1. Schloss Konfitürenburg – Das verwunschene Schloss
2. Der Tanzball – Tanzmelodien aus aller Welt
   Schokolade: Spanischer Tanz, Kaffee: Arabischer Tanz, Tee: Chinesischer Tanz, Trepak: Russischer Kosakentanz. Tanz der Rohrflöten: Orientalischer Tanz,
3. Blumenwalzer – Walzerschunkel-Abschlusstanz

Zweiter Akt Szene 1: Schloss Konfitürenburg – Das verwunschene Schloss
Mitwirkende: Klara, Nussknacker-Prinz, Mäusekönig, Mäuseschar

Klara und ihr Nussknacker-Prinz tanzen schleichend durch das Schloss im Kreis herum.
Wieder werden die beiden von der „tapsenden" Mäuseschar verfolgt. Allen voran der Mäusekönig.
Nach drei „Schleichrunden" vertreibt der Nussknacker-Prinz den Mäusekönig mit ausholenden, kämpferischen Handbewegungen.
Mäusekönig und Mäuseschar verlassen mit hängenden Köpfen das Geschehen.
Klara umarmt ihren Nussknacker-Prinz und alle übrigen Kinder (die Mäuseschar hat sich blitzschnell umgezogen) kommen auf die Tanzfläche. (Musik ausfaden)

Zweiter Akt Szene 2: Der Tanzball – Tanzmelodien aus aller Welt
Mitwirkende: Klara, Nussknacker-Prinz, Tanzkinder

Die Kinder tanzen Klara, dem Prinzen und dem Publikum kurze folkloristische Kreistänze vor.
Klara und der Nussknacker-Prinz sitzen in der Mitte des Tanzkreises und lauschen der Musik. Je nach Tempo und Melodieführung tanzen die Kinder einfache Tanzfiguren im Kreis.
- **Schokolade:** Spanischer Tanz (flotte Drehbewegungen die immer schneller werden)
- **Kaffee:** Arabischer Tanz (langsam ausgeführte rhythmische Vor- und Nachstellschrittchen)
- **Tee:** Chinesischer Tanz (die Flötentöne werden mit Hüpfern und Trippelschrittchen unterstützt)

- **Trepak:** Russischer Kosakentanz (akrobatisch anmutende Spreizsprünge à la Don Kosaken-Tanz)
- **Tanz der Rohrflöten:** Orientalischer Tanz (auf Zehenspitzen mit hochgereckten Armen tanzen)

Die Kinder tanzen nacheinander von der Bühne. Nur Klara bleibt zurück. In den Armen hält sie nun wieder den Spielzeug-Nussknacker.

Zweiter Akt Szene 3: Blumenwalzer – Walzerschunkel-Abschlusstanz
Mitwirkende: Alle

Klara wacht auf und merkt, dass sie alles nur geträumt hat – der kleine Nussknacker liegt noch in ihren Armen.
Alle Tanzkinder kommen zum Finale noch einmal auf die Bühne und schunkeln gemeinsam den Blumenwalzer.

Polen

Der Pferd, der hat vier Beine,
an jeder Ecke eine.
Drei wenn hätt',
umfall'n tät!'
(Polnisches Kindergedicht)

Polen stand den Großteil seiner Geschichte unter wechselnder Fremdherrschaft. Die Geschichte der polnischen Kunst ist von der Beziehung zu den kulturellen und intellektuellen Errungenschaften des Westens geprägt. Im 16. Jahrhundert entwickelte sich Kraków zu einem bedeutenden Zentrum der Musik. Die Kunstmusik blühte und polnische Musiker wie der bekannte Klavierkomponist Frederic Chopin gelangten zu internationalem Einfluss. Im 18. und 19. Jahrhundert wurde Polen stark von der französischen Kultur beeinflusst. In der heutigen Zeit orientiert sich die polnische Jugend ganz stark nach Westen: englische Popmusik, TV, Filme, Konsumwaren und Mode sind schon bei den Kindern angesagt. Es ist schwer, an die eigentliche polnische Kultur heranzukommen, zumal das deutsch-polnische Verhältnis immer noch durch das „Dritte Reich" belastet ist. Vor der deutschen Besetzung war Polen jahrhundertelang Zentrum und Zufluchtsstätte für Menschen jüdischen Glaubens. Ihre Verfolgung und Vernichtung ist eines der dunkelsten Kapitel in der Geschichte des 20. Jahrhunderts. Die jüdische Bevölkerung, die unschätzbare Beiträge zum künstlerischen, intellektuellen und wirtschaftlichen Leben geleistet hatte, wurde so gut wie ausgelöscht, und der Name „Auschwitz" hat sich schmerzhaft in die Herzen eingebrannt.

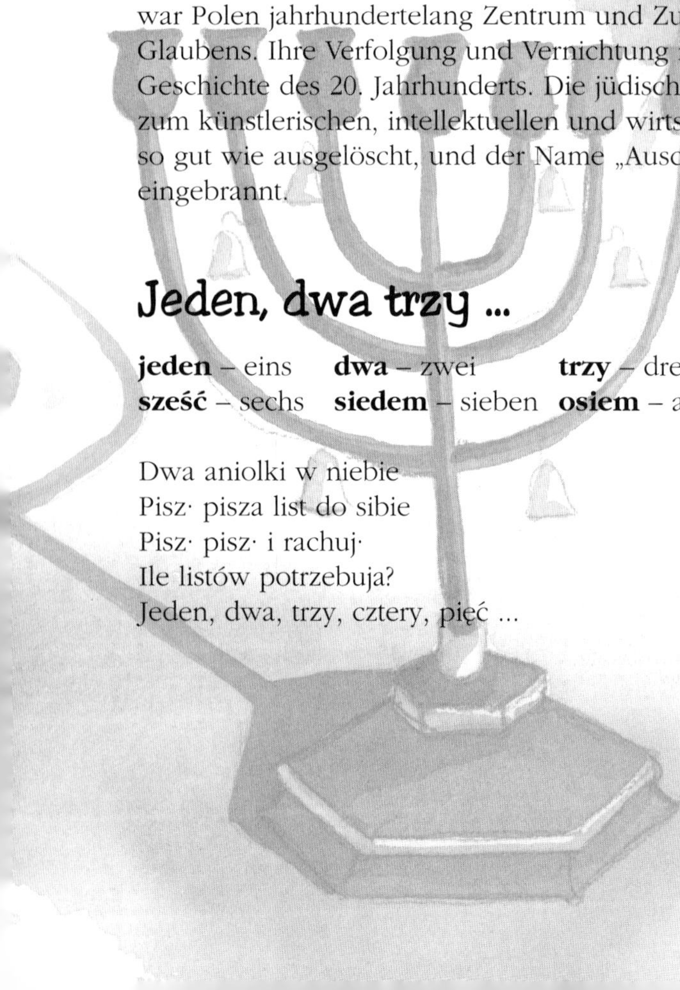

Jeden, dwa trzy ...

jeden – eins	**dwa** – zwei	**trzy** – drei	**cztery** – vier	**pięć** – fünf
sześć – sechs	**siedem** – sieben	**osiem** – acht	**dziewięć** – neun	**dziesięć** – zehn

Dwa aniolki w niebie
Pisz· pisza list do sibie
Pisz· pisz· i rachuj·
Ile listów potrzebuja?
Jeden, dwa, trzy, cztery, pięć ...

Zwei Englein im Himmel
Schreiben sich einen Brief
Sie schreiben und zählen
Wie viel Briefe sie brauchen?
Eins, zwei, drei, vier, fünf ...

Jiddische Volks- & Kinderlieder in Europa

Das jüdische Volk verbindet eine gemeinsame Religion – und eine viertausend Jahre dauernde Leidensgeschichte, die dazu geführt hat, dass die Juden über die ganze Welt verstreut sind.
Die folgende Vorlesegeschichte erzählt von einem jüdischen Jungen, der als Klezmermusikant zusammen mit seinem Vater den Lebensunterhalt für die Familie verdient. Der Beruf des Musikers war einer der wenigen, dessen Ausübung den Juden schon im Mittelalter erlaubt war.
Das Wort „Klezmer" stammt vom Aramäischen „kli" und „zemer". Es bedeutet „Der Mensch wird zum Träger (Überbringer) des Liedes". Heute bezeichnet Klezmer sowohl den Musikstil als auch den Musiker. Klezmer-Musik, die Musik der osteuropäischen Juden hatte ihre Geburtsstunde im mittelalterlichen Europa (erstmals belegt im 16. Jahrhundert), wo Gruppen von umherziehenden jüdischen Musikern (Klezmorim) von Stadt zu Stadt gewandert sind und bei jüdischen Festen und besonderen Anlässen gespielt haben.

Moishe mit dem Fidele

Oj. Schmerl mit dem fidele, Tewje mitn bas,
schpiltssche mir a lidele ojfn mitn gas!
Oj, oj, oj, oj, oj, oj,
schpiltssche mir a lidele ojfn mitn gas!

„Moishe! Moishele!", dröhnte die Stimme des Vaters durch die enge Gasse. „Moishele! Pack dein Fidele. Der Schuster vom Nachbarort hat uns gerufen. Wir sollen zu seiner Hochzeit spielen. Frejlech sol sajn! (Fröhlich soll's sein!) Und gleich danach geht's zum Rabbi Finkelstein. Sein Sohn feiert morgen Bar Mizwah! Moishele! Wo steckst du denn?"
Moishe, der hinter seinem Vater stand, fing an zu lachen. „Oj!", staunte der Vater, „da bist du ja, Sohn. Hast du gehört? Wir machen Musik auf des Schusters Hochzeit. Der Schuster ist ein reicher Mann. Das wird sich lohnen."
Moishe zuckte die Schultern. „Der Schuster ist reich, aber geizig ist er auch. Nu. Wir werden sehen. Vielleicht spendiert er uns ja ein paar neue Schuh, denn bis wir bei ihm angekommen sind, sind meine Sohlen in Fetzen."
Wenig später machten sich Vater und Sohn auf den langen Fußmarsch. Moishe trug in einem Kasten sein Fidele und der Vater trug in einem Kasten sein Dudele. Schon von weitem sahen sie das stattliche Haus des Schusters. Der ganze Hof war voller Menschen, die nach Herzenslust aßen und tranken. Als der Schuster die beiden Musikanten erblickte, rief er seinen Gästen zu: „Jetzt wird's lustig! Die Musikanten sind da! Und jetzt spielt auf, ihr zwei!"
Moishele griff nach seiner Fidel, der Vater packte das Dudele aus, und die beiden fingen an zu spielen. Kaum war ein Lied zu Ende, verlangten die ausgelassenen Gäste schon nach dem nächsten. Moishe und sein Vater fidelten und dudelten, was auch immer die Leute hören wollten. Schließlich brüllte der Schmied: „Und jetzt spielt auf zum Tanz mit der Braut!" Moishele blickte sich neugierig um und sah der jungen Braut geradewegs in die Augen. Schüchtern lächelte sie ihn an, bevor sie mit ihrem frischgebackenen Ehemann Runde um Runde auf dem Tanzboden herumwirbelte. Moishele und der Vater spielten weiter, ohne Pause den ganzen Tag und noch die halbe Nacht dazu. Die Gesellschaft lachte und sang, schunkelte und hopste. Moishe spielte so schön auf seinem Fidele und der Vater spielte so lustig auf seinem Dudele, dass die Füße wie von selber tanzten.
Als das Fest vorbei war, brummte der Schuster nur: „Als Lohn könnt ihr Essen mitnehmen – falls noch was übrig geblieben ist." Dann wollte er sich umdrehen und weggehen, doch Moishe klammerte sich an seinen Rock. „Gib

mir wenigstens ein paar Schuh, denn meine alten sind ganz zerrissen." Da packte der Vater Moishele am Ärmel und zog ihn eilig mit sich fort. „Du bist vielleicht ein armer jüdischer Musikant, aber ein Bettler bist du nicht", flüsterte er. Ärgerlich rannte Moishele in den Hof. Der Vater packte die Instrumente ein und ohne einen Blick zurück verließen Vater und Sohn das Haus des Schusters.

Müde und enttäuscht schlurfte Moishele den Weg entlang. Durch die zerlöcherten Schuhsohlen spürte er jeden Stein, jede Wurzel und jeden Dorn. Plötzlich hörte er Schritte. Moishele drehte sich um und sah, dass die Braut mit einem großen Bündel hinter ihnen her lief. Ganz außer Atem blieb die junge Frau vor ihm stehen und reichte ihm zwei Paar nagelneue Schuhe. „Hier ist euer Lohn! Den habt ihr euch doch redlich verdient", rief sie. „Ja, aber was wird der Schuster dazu sagen?", fragte der Vater ängstlich. „Den Schuster lasst nur meine Sorge sein", antwortete die Braut lachend. Dann drehte sie sich um und rannte schnell davon.

Moishele und der Vater blickten sich an. „No, Moishele", kicherte der Vater, „hast du Recht gehabt. Der Schuster ist geizig. Gelohnt hat es sich aber doch – hab ich Recht gehabt! Der Ewige, gelobt sei er, behüt die junge Frau!"

Die beiden zogen ihre neuen Schuhe an, nahmen die Instrumente und machten sich auf den Weg zum nächsten Fest.

Amol is gewen – Es war einmal

Nr. 25

Ein jüdisches Festtagslied zum Feiern und Tanzen.
Der Ursprung der jiddischen Sprache liegt im Mittelhochdeutsch des Mittelalters. Im Deutschen finden sich bis heute viele jiddische Begriffe wie schäkern, mogeln und vermasseln, die wir ganz selbstverständlich verwenden. Das Singen von jiddischen Volks- und Kinderliedern steht für Toleranz und Verständigung. Ein Zeichen für Frieden und die Bereitschaft gegen Hass und Rassismus einzutreten. Das Lied vom kleinen Juden und seiner Fidel hat Ferris Gondosch 1935 gesungen, begleitet von Sid Kay's Fellows unter der Leitung von Sigmund Petruschka.

Text und Musik: trad., Jiddisch
Bearbeitung Text und Musik: B. Gullatz

Amol is gewen, amol is gewen
A klej Jidele, a klej Jidele

Hot er gehat, hot er gehat
A klej Fidele, a klej Fidele
Schrej, schrej, schrej, schrej, schrej, schrej, macht doss Fidele
Schrej, schrej, schrej macht doss Fidele

Amol is gewen, amol is gewen
A klej Dudele, a klej Dudele
Du, du, du-du, du, du, du-du
Macht das Dudele, macht doss Dudele
Schrej, schrej, schrej macht doss Fidele
Du du, du macht dos Dudele

Amol is gewen, amol is gewen
A klej Feijfele, a klej Feijfele
Fa, fa, fa-fa, fa, fa, fa-fa
Macht doss Fejfele, macht doss Fejfele
Schrej, schrej, schrej macht doss Fidele
Du, du, du macht doss Dudele
Fa, fa, fa macht doss Fejfele

Amol is gewen, amol is gewen
A klej Pojkele, a klej Pojkele
Bum, bum, bum macht doss Pojkele
Schrej, schrej, schrej macht doss Fidele
Du, du, du macht doss Dudele
Fa, fa, fa macht doss Fejfele
Bum, bum, bum macht doss Pojkele

Es war einmal, es war einmal
Ein kleines Judenkind, ein kleines Judenkind
Es hat gehabt, es hat gehabt
Eine kleine Violin, eine kleine Violin
Schrei, schrei, schrei, schrei, schrei, schrei, macht die Violine
Schrei, schrei, schrei macht die Violine

Es war einmal, es war einmal
Ein kleines Dudele, ein kleines Dudele
Du, du, du-du, du, du, du-du
macht das Dudele, macht das Dudele
Schrei, schrei, schrei macht die Violine
Du, du, du macht das Dudele

Es war einmal, es war einmal
Eine kleine Flöte, eine kleine Flöte
Fa, fa, fa-fa, fa, fa, fa-fa
macht die Flöte, macht die Flöte
Schrei, schrei, schrei macht die Violine
Du, du, du macht das Dudele
Fa, fa, fa macht die Flöte

Es war einmal, es war einmal
Eine kleine Pauke, eine kleine Pauke
Bum, bum, bum macht die Pauke
Schrei, schrei, schrei macht die Fiedel
Du, du, du macht das Dudele
Fa, fa, fa macht die Flöte
Bum, bum, bum macht die Pauke

Die Baltischen Länder: Litauen – Lettland – Estland

Kui ma hakkan laulemaie, jääb siis küla kuulama.
Wenn ich zu singen anfange, verharrt lauschend das Dorf.
(Sprichwort aus Estland)

Das Baltikum besteht aus Estland, Litauen und Lettland. Alle drei Länder haben großen Ehrgeiz entwickelt, trotz Fremdherrschaft ihr Brauchtum und ihre eigenständige Kultur zu bewahren, wobei den Volksliedern eine überragende Bedeutung zukommt: Während der „singenden Revolution“ bildeten die Balten im Winter 1990/91 eine einzigartige Lieder- und Lichterkette von der Südgrenze Litauens bis an die Nordostgrenze Estlands.

Litauen

Litauen ist die größte der drei baltischen Republiken. Die Sammlung des Instituts für litauische Sprache und Folklore umfasst einen Schatz von mehr als anderthalb Millionen Sagen, Sprichwörter, Märchen, Legenden, und etwa 600000 Lieder.

So zählen die Litauer

vienas – eins	**du** – zwei	**trys** – drei	**keturi** – vier	**penki** – fünf
δsesi – sechs	**septyni** – sieben	**astuoni** – acht	**devyni** – neun	**desimt** – zehn

Aussprache: e wie **jä, ie** wie **ijä, δ** wie **sch**

Lettland

Ein kleines Volk – eine große Chormacht: In Lettland, das zwischen Litauen und Estland liegt, feiert das sangesfreudige lettische Völkchen regelmäßig mit großen Chorfestivals gemeinsam seine Kultur. Auch hier gibt es eine an die 36000 Titel umfassende Liedersammlung.

So zählen die Letten

viens – eins **div** – zwei **tris** – drei **cvetri** (gesprochen „tschetri“) – vier
pieci – fünf **sesvi** (gesprochen seschi) – sechs **septin,i** (septinji) – sieben
aston,i (astonji) – acht **devin,i** (devinji) – neun **desmit** – zehn

Estland

Das kleinste der drei Länder ist kulturell und historisch eng mit Lettland verbunden. Das Estnische gehört allerdings nicht zur indo-europäischen, sondern zur finno-ugrischen Sprachenfamilie. Manche Leute behaupten, im „Land der klingenden Stimmen“ gäbe es für jeden Esten ein eigenes Lied. Insgesamt umfasst der Volksliederschatz mehr als 100000 Lieder. Wie in Lettland finden auch in Estland regelmäßig traditionell große Sängerfeste mit Volkstanz statt

So zählen die Esten

üks – eins **kaks** – zwei **kolm** – drei **neli** – vier **viis** – fünf
kuus – sechs **seitse** – sieben **kaheksa** – acht **üheksa** – neun **kümme** – zehn

Konn ei laula kua, kui vett ei ole
Wenn es kein Wasser gibt, dann singt auch der Frosch nicht

Mis isa ees vilistab, seda pojad taga tantsivad
Was der Vater vorpfeift, das tanzen die Söhne hinterdrein

Ööbik laulab öölaulu, kuldnokk laulab koidulaulu, lõoke laulab lõunalaulu
Die Nachtigall singt das Nachtlied, der Star das Morgenlied, die Lerche das Mittagslied

Der Waldschutzgeist und die Nixe

von Els Hainsaln/Estland

Vor vielen, vielen tausend Jahren war Estland ganz vom wogenden Meer bedeckt und fischschwänzige Nixen sangen zauberhafte Lieder.

Eines Tages kam ein junger Waldschutzgeist aus den dichten Wäldern, um den Himmel zu sehen und den freien Wind zu fühlen. Er lauschte verzückt dem verlockend süßen Gesang der Nixen und verliebte sich unsterblich in eine von ihnen. Jeden Morgen ging er nun an den Strand, um den Nixen zuzuhören, aber er hatte nur Augen und Ohren für die eine, die er liebte.

Eines Abends kam sie allein und sang für ihn ein Lied voller Fragen: „Wer war der Fremde? Warum saß er die ganze Zeit am Strand? Warum trafen sich ihre Blicke so oft und warum konnte sie keinen Seelenfrieden mehr finden?"

Der Waldschutzgeist antwortete darauf: „Ich bin in den dichten Wäldern aufgewachsen und kam, um die Weite zu suchen. Mehr kann ich dir nicht sagen, dafür gibt es keine Worte. Aber ich kann für dich tanzen. Verstehst du meinen Tanz, dann findest du auch Antwort auf deine Fragen." Und so tanzte er und die Nixe fand Antwort auf ihre viele Fragen.

Wenn eine Nixe wirklich liebt, dann können ihr zwei menschliche Beine wachsen. Ist das geschehen, gibt es für sie keinen Weg zurück ins Meer. Die kleine Nixe aber hatte längst beschlossen, ihr ganzes Leben mit dem Waldschutzgeist zu verbringen. Der Wasserkönig, ihr mächtiger Vater, gab seine Zustimmung und schenkte dem jungen Paar das Land, das heute Estland heißt.

Der Waldschutzgeist und die Nixe bekamen viele Kinder und alle ihre Kinder liebten es, zu singen und zu tanzen. Und so ist es immer gewesen.

Daher haben die Esten stets, und auch in Zeiten großer Not, die Kraft für Lieder und Tänze.

Skandinavien – Die Nordländer Europas

Hinter dem Begriff Skandinavien stehen drei Länder, die sich sehr wohl voneinander unterscheiden. Sowohl landschaftlich, in den kulturellen Eigenarten im allgemeinen und in der Wesensart der Menschen im besondern, sind die Länder Norwegen, Finnland und Schweden die „Nordländer“ Europas.

Finnland – Land der tausend Seen

„Suomi“ nennen die Finnen ihr waldreiches Land. Mit den Ungarn und den Esten bilden die Finnen die finno-ugrische Sprachgruppe. Das viele Holz, das es in Finnland gibt, dient unter anderem zum Bau der berühmten finnischen Sauna, die unbedingt zum Alltag gehört. Die Sauna gilt bis heute in Finnland als Ort der geistigen und körperlichen Reinigung, und bis vor nicht allzu langer Zeit wurden vor allem in den ländlichen Gebieten die Babies in der Sauna geboren.

Yksi, kaksi, kolme ...

yksi – eins	**kaksi** – zwei	**kolme** – drei	**neljä** – vier
viisi – fünf	**kuusi** – sechs	**seitsemän** – sieben	
kahdeksan – acht	**yhdeksän** – neun	**kymmenen** – zehn	

Piiri pieni pyörii – Kommt dreht euch im Kreise

Nr. 29

Das folgende finnische Lied beschreibt in seinem Text den Tanz gleich mit. Und alle drehen sich im Kreis …

Text und Musik: trad., Finnland
Bearbeitung Text und Musik: G. Geisinger

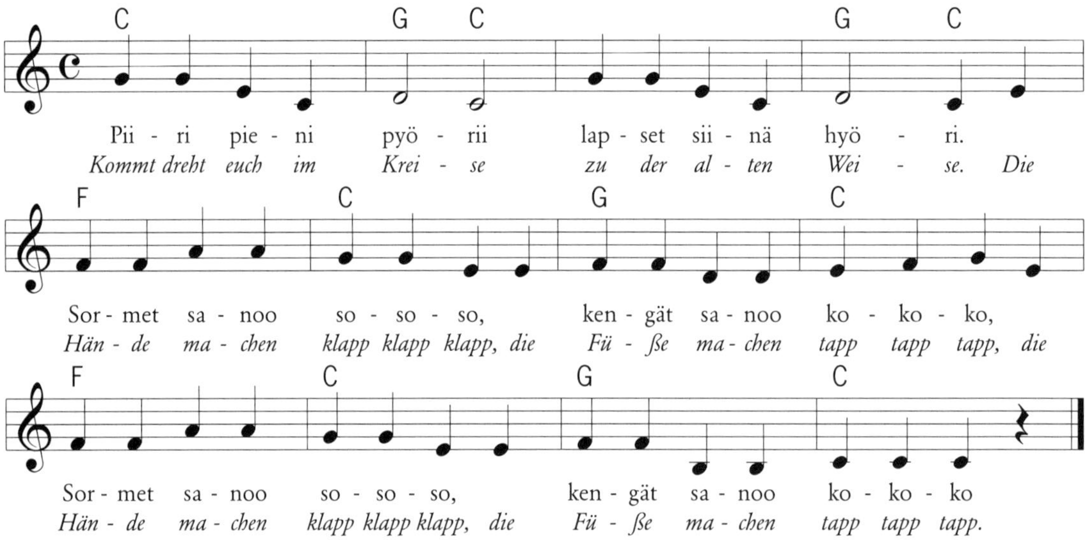

Piiri pieni pyörii
lapset siinä hyöri
Sormet sanoo so-so-so
kengät sanoo ko-ko-ko

Piiri pirni pyörii
lapset siinä hyörii
Toisiansa tervehtii
sitten paikoillensa jää

Piiri pieni pyörii
lapset siinä hyörii
Vakavina seisovat
vallan miinkuin vanhemmat

Komm dreht euch im Kreise
Zu der alten Weise
Die Hände machen klapp-klapp-klapp
Die Füße machen tapp-tapp-tapp

Kommt dreht euch im Kreise
Zu der alten Weise
Wir bleiben alle stehen dann
Und grüßen unsren Nebenmann

Kommt dreht euch im Kreise
Zu der alten Weise
Und plötzlich ist die Musik aus
Und wir sind still wie eine Maus

Norwegen – weites Land in Europas Norden

Wie die Schweden und die Dänen stammen auch die Norweger von den Wikingern ab. Im Norden des Landes (Finmark) zieht das Volk der Samen (Lappen) mit seinen Rentierherden umher. Die Sami pflegen eine einzigartige Gesangsform, den Joik, eine Art Summen ohne Begleitung. Jeder Sami hat dabei seine eigene Melodie. Junge Männer komponieren Joiks für die Mädchen, um die sie werben, und die Laute der Joiks beruhigen die Rentierherde.
Die Joiks wurden lange Zeit von den Christen verboten, doch da sie nicht wie die Trolltrommeln zu verbrennen waren, überlebten viele der alten Melodien und wurden von Generation zu Generation weitergegeben.

En, to, tre ...

en – eins	**to** – zwei	**tre** – drei	**fire** – vier
fem – fünf	**seks** – sechs	**sju** – sieben	**åtte** – acht
ni – neun	**ti** – zehn		

Vi har en gammel tante – Das Lied von Tante Monika

Nr. 32

„Samspel“ ist ein norwegischer Begriff für gemeinsames Musizieren. Das einfache Lied von der „Gammel Tante“ lädt dazu ein. Bei diesem Bewegungs-Spiellied wird das „Po-Wackeln“ der alten Tante Monika beschrieben. Die Melodie ist identisch mit dem bekannten Kinderlied vom Cowboy Jim. Während beim Cowboy-Jim-Lied das Pferdereiten und Lassowerfen parodiert wird, können die Kinder beim Lied von der „Gammel-Tante“ mal eine feine Dame veralbern.

Text und Musik: trad., Norwegen
Bearbeitung Text und Musik: G. Geisinger

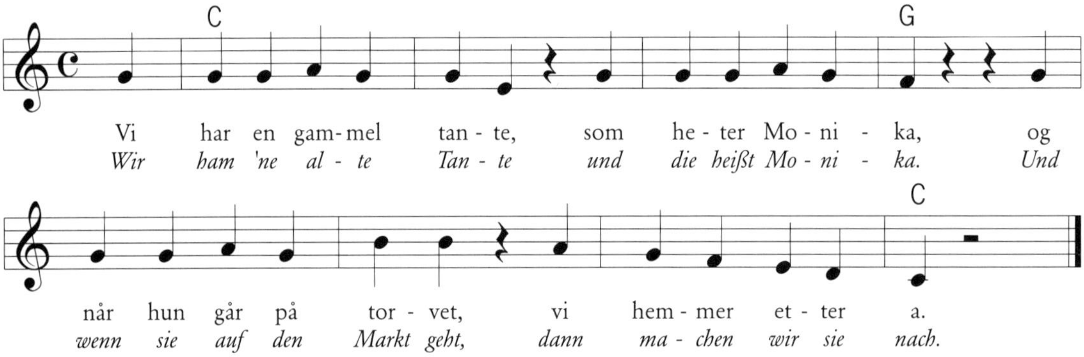

Vi har en gammel tante
som heter Monika
og når hun går på torvet
vi hemmer etter a

... For sånn sveier rompa
og rompa sveier sånn:

... For sånn sveier henda
og henda sveier sånn:

... For sånn sveier öra
og öra sveier sånn

Wir ham ‘ne alte Tante
und die heißt Monika.
Und wenn sie auf den Markt geht,
dann machen wir sie nach.

... Und so wippt der Popo,
der Popo der wippt so.

... Und so wippen die Hände,
die Hände wippen so.

... Und so wackeln die Ohren,
die Ohren wackeln so.

Wir ham 'ne alte Tante
Und die heißt Monika
Und wenn sie auf den Markt geht
Dann machen wir sie nach
Ja so wippt die Feder, die Feder, die wippt so
Ja so wippt die Feder, die Feder, die wippt so

Wir ham 'ne alte Tante
Und die heißt Monika
Und wenn sie zum Frisör geht
Dann machen wir sie nach
Ja so wippt der Hut, der Hut, ja der wippt so
Ja so wippt der Hut, der Hut, ja der wippt so

Wir ham 'ne alte Tante
Und die heißt Monika
Und wenn sie ins Theater geht
Dann machen wir sie nach
Ja so wippt der Rock, der Rock, ja der wippt so
Ja so wippt der Rock, der Rock, ja der wippt so

Wir ham 'ne alte Tante
Und die heißt Monika
Und wenn sie an den See geht
Dann machen wir sie nach
Ja so wippt der Popo, der Popo, der wippt so
Ja so wippt der Popo, der Popo, der wippt so

Gammeltante

Die norwegische Sprachphonetik finden nicht nur die Kinder spaßig. Die Worte mit ihren vielen Vokallauten (a,e,i,o,u) lassen sich leicht nachsingen. Durch das wiederholte Singen solcher Lieder wie das von der „gammel tante", wird das Artikulationsvermögen der Kinder gefördert.

Alter: ab 7 Jahren

Die Kinder bilden einen Singreis, singen das Lied von der „Gammeltante" und machen dabei die Bewegungen im Liedtext nach: Sie wippen mit dem Po, wackeln mit den Ohren und bewegen ihre Hände wie die Tante Monika ...

Schweden

Schweden mit seinen vielen Seen, Inseln und Wäldern ist vielen Kindern durch die Bücher Astrid Lindgrens zur zweiten Heimat geworden. Die starke Naturverbundenheit des schwedischen Volkes findet auch Ausdruck in zahlreichen Kinderliedern, die von der heimischen Tier- und Pflanzenwelt handeln. Ein anderes wichtiges Thema ist das Wasser und das Meer – schließlich haben die Schweden eine Wikinger-Vergangenheit, die durch zahlreiche Runensteine mit ihren seltsamen Zeichen bis heute sichtbar ist. Während der Wintermonate liegt der Landesteil nördlich des Polarkreises auch tagsüber im Dunkeln. Im Sommer geht die Sonne dafür gar nicht unter. Dann ist die Zeit für ein „lustiges Leben": die Schweden feiern rauschende Mittsommerfeste.

En, två, tre ...

en – eins	**två** – zwei	**tre** – drei	**fyra** – vier	**fem** – fünf
sex – sechs	**sju** – sieben	**åtta** – acht	**nio** – neun	**tio** – zehn

Midsommar – Mittsommerfest

Midsommar ist in Schweden neben Weihnachten der größte Feiertag. Das große Sommerfest findet immer in der Nacht zu dem Samstag, der dem Mittsommertag am nächsten liegt, statt. Überall im Land werden hohe Baumstämme aufgestellt, die oben einen Querbalken haben, ähnlich wie ein Kreuz. Diese Bäume werden mit geflochtenen Kränzen und Girlanden aus Laubzweigen und Sommerblumen geschmückt. Am Festtag tanzen die Menschen um den Baum herum. Eine Volkstanzgruppe macht oft den Anfang. Nach und nach schließen sich dann alle Leute an und tanzen mit. Getanzt und gefeiert wird die ganze Nacht hindurch.

Heut ist der längste Tag im Jahr, da feiern wir ein Fest

Sommersonnenwende in Schweden – ein Fest für das ganze Volk. Die Sonne will einfach nicht untergehen: Da dürfen alle Kinder aufbleiben und mitfeiern.

Alter:	alle machen mit:	Oma, Mama und Papa gemeinsam mit dem O-Papa feiern den längsten Tag im Jahr (21. Juni)
Material:	alles was zu einem Sommerfest dazugehört:	Getränke, Essen, ggf. Musik-Anlage, Schminke, Villa-Kunterbunt Bauutensilien ... Und wer grillt die Würstchen?

Alle Freunde und Nachbarn mit ihren Kindern einladen.
Jeder bringt etwas zu essen mit: Knäckebrot, Heringssalat, Lachsbrötchen und leckeren Nachtisch.
Wer ein Musikinstrument spielt, bringt es ebenfalls mit.
Wenn möglich, sollte ein Lagerfeuer veranstaltet werden.
Eine Pippi-Langstrumpf-Verkleidungsaktion bietet sich an.
Schnell noch aus Karton eine Villa Kunterbunt basteln.
... und dann tanzen alle im Kreis.
Das Sommersonnenwende-Feuerlied und das Fröschleinlied haben so einfache Melodien, dass wirklich alle gleich mitsingen können.

Das Sommersonnenwende-Feuer

aus: Feuerwerk und Funkentanz, Ökotopia Verlag, LC 10476
Text: H. E. Höfele; Musik: W. Bender

Ein Festmahl wird heut aufgetischt
Und Lieder laut gesungen
Alle machen heute mit
Die Alten wie die Jungen
Am Feuer sitzen wir im Kreis
Und dann beginnt der Hans
Mit seinem wilden Sommersonnenwende-Feuer-Tanz
Wir feiern heut ein Sommerfest ...

Wir fassen an den Händen uns
Und bilden einen Kreis
Alle rund um's Feuer
Die Flammen lodern heiß
Und Lisa traut sich dann sogar
Mit einem riesen Schwung
Über das Feuer springt sie dann
Den Sommersonnenwende-Sprung
Und alle springen mit
Und singen laut ein Lied
Wir feiern heut ein Sommerfest ...

Små grodorna – Die kleinen Fröschelein

◉ Nr. 30

Schwedische Kinderlieder sind geprägt von Naturbeschreibungen und handeln auch oft von der heimischen Tierwelt. Im folgenden Lied geht es um Frösche, die es in Schweden dank der vielen naturbelassenen Seen noch sehr häufig gibt.

Text und Musik: trad., Schweden
Bearbeitung Text und Musik: M. Scheid

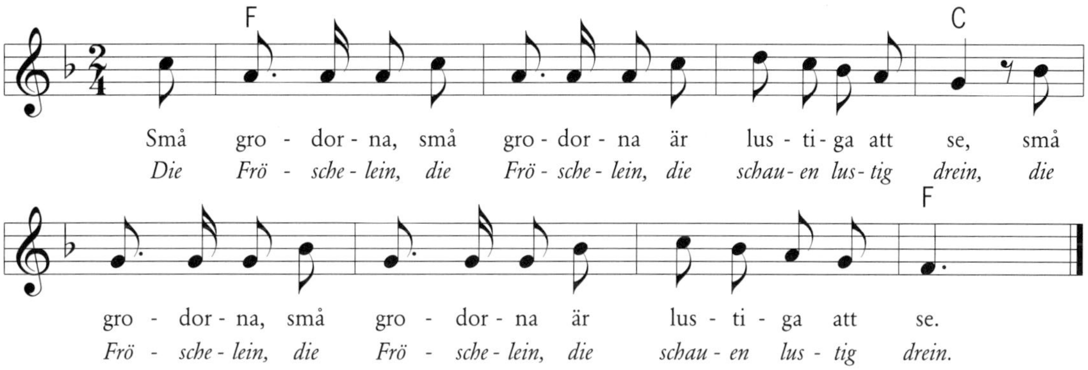

Små grodorna, små grodorna är lustiga att se
Små grodorna, små grodorna är lustiga att se

Ej svansar, ej svansar, ej öron hava de
Ej svansar, ej svansar, ej öron hava de

Kou-ack-ack-ack, kou-ack-ack-ack, kou-ack-ack-ack-ack-ack
Kou-ack-ack-ack, kou-ack-ack-ack, kou-ack-ack-ack-ack-ack

Die Fröschelein, die Fröschelein, die schauen lustig drein
Die Fröschelein, die Fröschelein, die schauen lustig drein

Sie haben keine Schwänzelein und keine Öhrlein fein
Sie haben keine Schwänzelein und keine Öhrlein fein

Das Lied von Pippi Långstrump:

eine schwedische Kinderpolka von Astrid Lindgren

Rothaarig, sommersprossig, selbstbewusst, bärenstark und neunmalklug: Pippilotta Viktualia Rollgardina Pfefferminza Efraimstochter Langstrumpf. „Wenn ich jemals beabsichtigt hätte, die Figur der Pippi zu etwas anderem als der Unterhaltung meiner jungen Leser dienen zu lassen, so wäre es dieses: ihnen zu zeigen, dass man Macht haben kann, ohne sie zu missbrauchen.“ (Astrid Lindgren)

Alter: ab 4 Jahren
Material: rote Perücke (Faschingbedarf), Haarspangen, buntes Ringelshirt und Flickenstrumpfhose
Musik: Das Pippi-Langstrumpf-Lied (gibt's auf Hörspielcassetten und Pippi-Langstrumpf-Filmen (DVD, VHS)

Die Mächen verkleiden sich als Pippi Långstrump und singen das altbekannte Lied von A. Lindgren.
Dabei hüpfen sie mit freien Galoppschrittchen im Kreis herum. Sie ziehen freche Fratzen und gebärden sich als „Starke Mädchen“.
Wenn sich die Gelegenheit bietet, bauen sie aus Karton und bunten Farben eine lustige Hütte: eine kunterbunte Kindervilla – die Villa Kunterbunt.
Anmerkung: Das Pippi-Langstrumpf-Lied eignet sich auch als begleitende und auflockernde Spielaktion für eine Filmvorführung. Die Kinder singen das Lied bevor sie sich gemeinsam einen Film von Pippi Langstrumpf anschauen und singen und spielen „Pippi Långstrump“ zum Ausklang.

Här kommer Pippi Långstrump – Das Pippi-Langstrumpf-Lied

Ein Mutmachlied für kleine Mädchen mit rotem Zopf und Ringelstrumpf:

Här kommer Pippi Långstrump
Här kommer Pippi Långstrump
Tjolahopp tjolahej tjolahoppsan sa,
Här kommer Pippi Långstrump,
Ja, här kommer faktiskt jag.
Det är inte illa,
Jag har apa häst och villa,
En kappsäck full med pengar
Är det också bra att ha.
Kom nu, alle vänner,
Varenda kotte som jäg känner,
Nu skal vi leva loppan,
Tjolahej tjolahoppsan sa

Hey, Pippi Langstrumpf,
Hey, Pippi Langstrumpf,
tralahe, tralahe, tralahopsassa.
Hey, Pippi Langstrumpf,
die macht, was ihr gefällt.
Ich hab' ein Haus, ein kunterbuntes Haus
ein Äffchen und ein Pferd, die schauen dort zum Fenster raus.
Ich hab' ein Haus, ein Äffchen und ein Pferd,
und jeder, der uns mag, kriegt unser 1 x 1 gelehrt.

Dänemark, Grönland & Island – Heimat der Wikinger

Es liegt ein lieblich Land
Im Schatten breiter Buchen
Am salz'gen Ostseestrand
An Hügelwellen träumt's, im Tal
Alt-Dänemark, so heißt es,
Und ist der Freja Saal
(Landeshymne, Dänemark)

Das Kongeriget Danmark bildet eine Landbrücke zwischen Mittel- und Nordeuropa. Viele Spuren zeugen von der langen Herrschaft der Wikinger in diesem Land, zum Beispiel Ringburgen, Begräbnisstätten und Runensteine.
Dänemark ist aber nicht nur Land der Wikinger, sondern auch ein Land der Schlösser. Zauberhafte Wasserschlösser vermitteln den Eindruck, sich in einem Märchen zu befinden. Kein Wunder – Dänemark ist schließlich die Heimat von Hans Christian Andersen, einem der berühmtesten Märchenerzähler überhaupt.
Für Kinderbeschäftigungen sind die Märchen von Andersen gut geeignet. In ihren ausführlichen Naturschilderungen spiegeln sich Land und Leute.

En, to, tre ...

en – eins **to** – zwei **tre** – drei **fire** – vier **fem** – fünf
seks – sechs **syv** – sieben **otte** – acht **ni** – neun **ti** – zehn

Hummer sardiner
fedt og rosiner
skidt og kanel
du slap vaek

Hummer Sardinen
Schmalz und Rosinen
Schmutz und Zimt
Du bist weg!

Island – „Insel aus Feuer und Eis"

Islands berühmtester Vulkan Hekla wurde im Mittelalter für den Eingang zur Hölle gehalten. Heiße Quellen beheizen Treibhäuser und über die Hälfte der Haushalte werden mit geothermischer Energie versorgt. Die Isländer sind sehr stolz auf ihr Land und ihre Kultur. Keinesfalls dulden sie Fremdwörter in ihrer Sprache. Sie bemühen sich statt dessen ein eigenes Wort zu erfinden. So kommt es, dass zum Beispiel das Telefon in Island simi heißt, was nichts anderes bedeutet als Faden.

I dimmum dimmum skógi – In einem dunklen, dunklen Wald

Besonders wirkungsvoll ist dieser Reim, wenn er im Dunklen vorgetragen wird.

I dimmum dimmum skógi
var dimmt dimmt hús
I dimma dimma húsinu
var dimmt dimmt herbergi
I dimma dimma herberginu
var dimmur dimmur skápur
I dimma dimma skápnum
var dimmt dimmt box
I dimma dimma boxinu
var ... buuuh!

In einem dunklen, dunklen Wald
war ein dunkles, dunkles Haus.
Im dunklen, dunklen Haus
war ein dunkles, dunkles Zimmer.
Im dunklen, dunklen Zimmer
war ein dunkler, dunkler Schrank.
Im dunklen, dunklen Schrank
war ein dunkles, dunkles Kästchen.
Im dunklen, dunklen Kästchen
war ... buuuh!

Dieser Reim wird mit ruhigen Worten vorgetragen.
Die Kinder sitzen im Kreis und lauschen den isländischen Silbenketten und der deutschen Übersetzung. Die Spannung steigt. Was verbirgt sich im dunklen Kästchen! Huch! Mit einem lauten Buh werden alle Kinder erschreckt und es ist wieder hell.

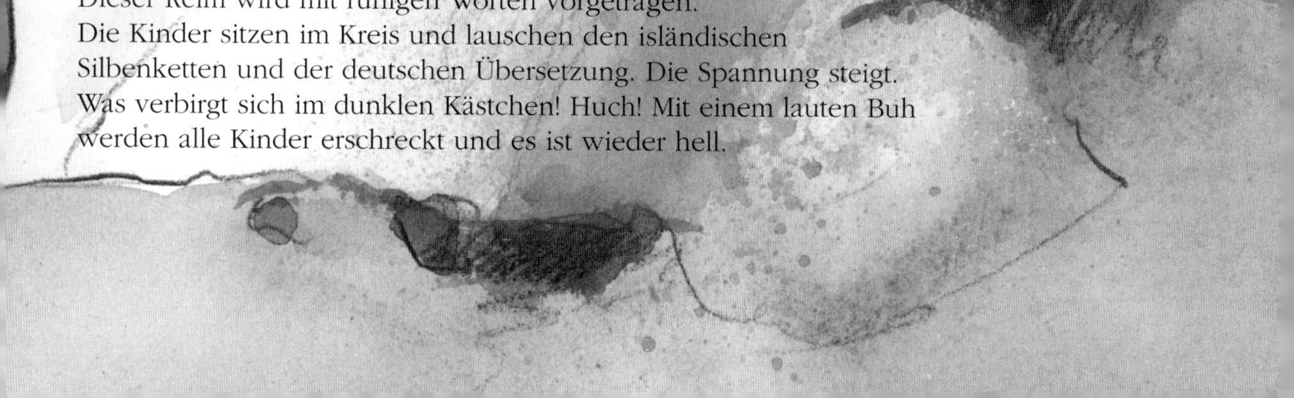

Österreich – zwischen Sinfonieorchester & Stubenmusik

Österreich ist wie ein leckeres Kipferl: prall gefüllt mit Kunst, Theater und Musik. Wien wird nicht aus „Schmäh“ als „Musikhauptstadt der Welt“ bezeichnet. Dort haben mehr bedeutende Musiker gelebt und geschaffen als in jeder anderen Stadt, z. B. Mozart, Beethoven und Haydn. Wien ist aber nicht nur die Stadt der Konzerte und der Oper, sondern auch die des Walzers. Den Donauwalzer von Johann Strauß kennt schon fast jedes Kind. Vater Strauß und seine beiden Söhne haben fast tausend Walzer komponiert.
Neben Wien ist vor allem Mozarts schöne Geburtsstadt Salzburg musikalisch wichtig. In den ländlichen Gegenden Österreichs aber lebt die Tradition der Volksmusik. In fast jedem Dorf gibt es eine Trachtengruppe und einen Gesangsverein, der dafür sorgt, dass das typische Liedgut und die Volkstänze nicht in Vergessenheit geraten.

Das Orchester-Ensemble

Die Wiener Philharmoniker gehören zu den berühmtesten klassischen Orchestern. Und in der Wiener Hochschule für Musik studieren junge Menschen aus aller Welt, um vielleicht eines Tages in so einem angesehenen Orchester spielen oder es gar dirigieren zu können. Ganz so ernsthaft geht es bei der folgenden musikalischen Spielaktion nicht zu. Die Kinder lernen ein Orchester in Reimform kennen und begleiten die Reime mit einfachen Instrumenten. Und der Dirigent fehlt natürlich auch nicht.

Alter: ab 6 Jahren
Material: Trommeln, Schellen, Flöten, Saiteninstrumente, Dirigentenstock

Die Kinder sammeln Instrumente bei Freunden, Nachbarn, Verwandten usw.
Im günstigsten Fall verfügt die Einrichtung (Kindergarten, Schule ...) über einen Fundus an einfachen Musikinstrumenten. (Sind gar keine Instrumente vorhanden, gibt es noch die Möglichkeit, mit einfachen Mitteln Rhythmus-Instrumente selbst herzustellen.)

1. Die Kinder teilen sich in **vier Instrumentalistengruppen** auf:
- Tschindarassa-Trommler (Trommel, Topf, Eimer, Dosen und Stock ...)
- Schellen-Klepperer (Rasseln, Tamburine, Kronkorken, Schneebesen ...)
- Flöten-Tröter (Block- oder Weidenflöten, Kazoo, Kamm-blasen ...)
- Saitenzupfer (Gummiringe über Schachtel spannen, Eierschneider! ...)

2. Die Kinder sprechen den Text wiederholt gemeinsam nach. **Sie lernen so den Reim auswendig und rhythmisch aufzusprechen.** (Am Auswendiglernen führt nun mal kein Weg vorbei. – Aber bei Reimen und Gedichten geht das erstaunlich schnell!)

3. Die Kinder sprechen den Reim gemeinsam und die **jeweilige Instrumentalistengruppe unterstützt den Sprachrhythmus „ihres Reims“ musikalisch** nach der jeweiligen Textvorgabe:

Die Tschinderassa-Trommler	hauen, klopfen und wirbeln auf ihren Trommeln. (mit Hand oder Stock)
Die Schellen-Klepperer	bimmeln und dengeln mit ihren Schellen (mal laut – dann leise)
Die Flöten-Tröter	piepen und fiepen mit ihren Flöten
Die Saitenzupfer	zupfen die Saiten mit Fingerkuppe oder Plektron (kleines Plastikplättchen)

4. Das **Instrumentengruppen-Karussell** dreht sich.
Wurde der Reim erfolgreich durchgespielt, tauschen die Kinder die Rollen und suchen sich jeweils ein neues Instrument aus. Am Ende soll jedes Kind reihum einmal in jeder Instrumentengruppe gewesen sein.

Orchester-Ensemble-Reime

Ein Kind wird als DirigentIn ausgewählt und begleitet den Dirigenten-Hampelspruch mit entsprechenden, wilden Bewegungen. Anschließend wendet es sich der jeweiligen Instrumentengruppe zu und gibt mit dem Taktstock deren Einsätze vor.
Die jeweiligen MusikerInnen begleiten „ihre Strophe", die anderen sprechen rhythmisch den Reim dazu.

Der Dirigenten-Hampeltrick
Den Taktstock schwingt der Dirigent.
Erst rauf, dann runter, immer wieder
Tick und Tack und Tock und Tick
Mit viel Gebiege und Gehampel.
Zeigt er stolz und mit Geschick
Den Dirigenten-Hampeltrick

Die Tschindarassa-Trommler
Mit Tschin und Bum – 'nem Tusch ganz laut
Der Trommler auf die Pauke haut
Ein Trippeln und Trappeln
Auf's Trommelfell schrappen
Ein Wirbel – ganz leise –, dann noch ein Bong
Entlockt er jedem Ding einen Ton

Die Schellen-Klepperer
Ein Bimmeln und Schellen
Ein Ratschen und Dengeln
Mit Glöckchen und Blechen
Die Klöppel sie wirbeln
Ding Dang Boing Dong
Laut ertönt der scheppernde Gong

Die Flöten-Tröter
Jetzt quietschen und tröten
Laut unsere Flöten
Ein Piepen und Fiepen
Ein Zwitschern und Trällern
Wie Vögel, die singen
Die Flöten erklingen

Die Saitenzupfer
Ein Plinker-Geplänkel
Ein Saiten-Geklimper
Sie surren und schnarren
Erzittern – vibrieren
Die Saite gespannt
Gezupft mit der Hand

„So spieln, so singan mia dahoam" – Ochsenkanon, Tirolerhut & Kinderwalzer

„Mach ma des bald wieda?" – Das Tiroler-Hut-Tanzspiel

In Österreich sind nicht nur die Städte musikalisch interessant, sondern auch die Bergregionen. Gesungen und musiziert wird von Kufstein bis Villach und von der Steiermark bis nach Tirol. Und die Tiroler sind ja bekanntlich lustig: Das Tirolerhut-Spiel sorgt nicht nur auf der Almhütte für Gaudi, sondern ist ein echter Klassiker – ein „alter Hut", der dennoch immer wieder „passt"!

Alter: ab 4 Jahren
Material: 1 (Tiroler-)Hut
Musik: Das Lied „Die Tiroler sind lustig"

Die Tiroler sind lustig
Die Tiroler sind froh
Sie verkaufen ihr Bettchen
Und schlafen auf Stroh

- Die TänzerInnen singen das Lied und bewegen sich zur Musik auf der Tanzfläche frei durch den Raum.
- Während des Tanzes geben sie den Hut möglichst schnell weiter, indem sie ihn einem anderen auf den Kopf setzen.
- Plötzlich bricht die Musik ab: Wer jetzt den Hut auf hat oder berührt, stellt sich an die Seite und begleitet die nächste Runde mit lautem Klatschen.
- Wer bei der letzten Runde übrig bleibt, darf sich zur Belohnung beim Lied „Die lustigen Holzhackerbuam" als Holzhackerl-Klotz zur Verfügung stellen.

Die lustigen Holzhackerbuam

Mir san ja dö lustigen Holzhackerbuam
Holerdiöh – holerdiöh
holerdiradi – diöh!

Die Kinder stellen sich im Kreis um den „Holzklotz" und singen (oder sprechen) den beliebten Holzhackervers. Dabei bedenken sie den Klotz (mit natürlich nicht zu festen) „Handflächenpatschern" – eine richtige Gaudi!

„Wer tanzt mit wem?" – Walzer-Tanzspiel

Der Walzer gehört zu Österreich wie die Berge, die Seen und das Wiener Schnitzel. Entstanden ist dieser ungemein beliebte Tanz während des 18. Jahrhunderts. Der Walzer sorgte für einige Aufregung, da es zu der Zeit nicht üblich war, sich beim Tanz in der Öffentlichkeit so nahe zu kommen oder gar im Arm zu halten. Der Wiener Walzer, wie er seit 1811 genannt wird, steht im 3/4 Takt und ist ein paarweise getanzter Drehtanz. Das folgende Tanzspiel verknüpft 3/4 Takt und spielerische Elemente zu einem kingerechten Tänzchen, bei dem die Pärchenbildung dem Zufall überlassen bleibt.

Alter: ab 5 Jahren
Musik: Walzermusik

Die TänzerInnen bilden zwei Gruppen (Jungen und Mädchen oder beliebig zusammengesetzt). Eine Gruppe bildet einen Innenkreis, die andere drumherum einen Außenkreis.

- **Die Walzermusik beginnt:** Der Innenkreis läuft mit Tanzschritten im gemäßigten 3/4-Rhythmus im Uhrzeigersinn, der Außenkreis gegen den Uhrzeigersinn.
- **Die Musik bricht ab:** Die Tanzkreise wenden sich einander zu. Die TänzerInnen, die sich jetzt gegenüber stehen, gehen als Paar zusammen und drehen sich miteinander ohne Musik im Kreis.
- **Die „Laufmusik" setzt wieder ein:** Die Tanzpaare trennen sich und gehen wieder wie vorher in ihren Kreis, tanzen diesmal aber jeweils in die andere Richtung, bis die Musik erneut abbricht etc.

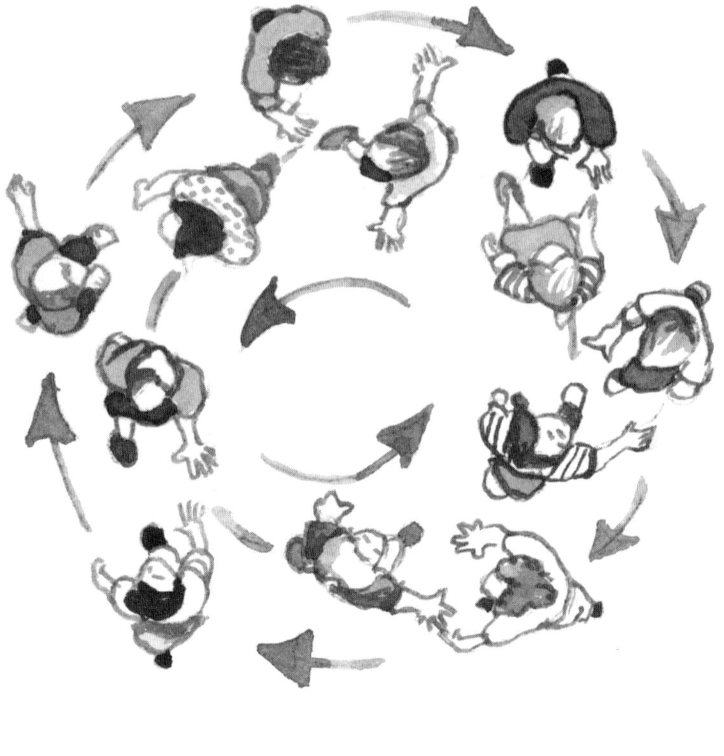

Der Hansel hiat' d'Ochsn – Kanonlied

Nr. 34

Text und Musik: trad., Österreich
Bearbeitung Text und Musik: D. Ferber

Der Hansel hiat' d'Ochsn, die Gretl die Kiah
Der Hansel hiat' d'Ochsn, die Gretl die Kiah
Ja, ja, Gretl die Kiah!
Ja, ja Gretl die Kiah!

Die Schweiz – Neutrales Alpenland mitten in Europa

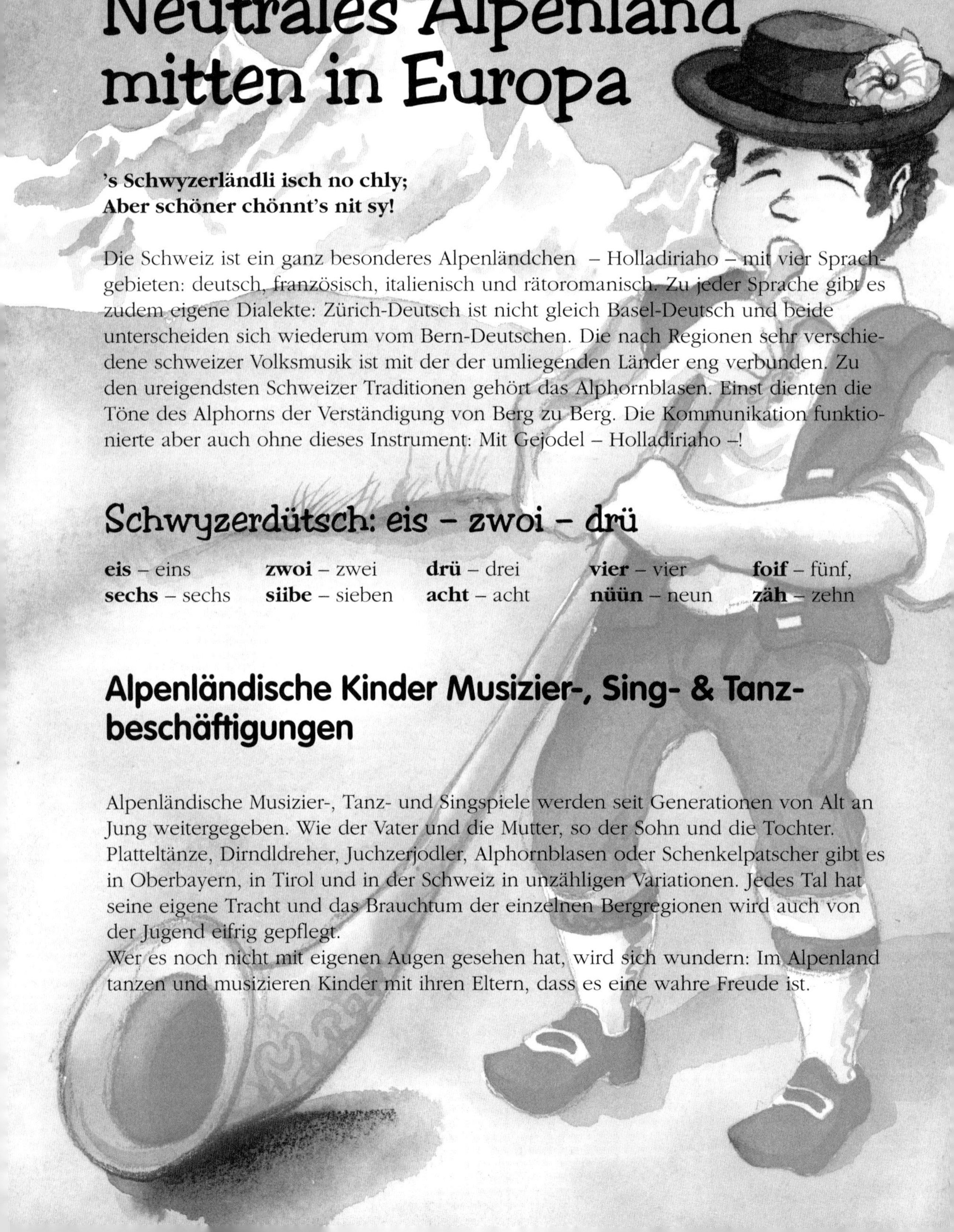

's Schwyzerländli isch no chly;
Aber schöner chönnt's nit sy!

Die Schweiz ist ein ganz besonderes Alpenländchen – Holladiriaho – mit vier Sprachgebieten: deutsch, französisch, italienisch und rätoromanisch. Zu jeder Sprache gibt es zudem eigene Dialekte: Zürich-Deutsch ist nicht gleich Basel-Deutsch und beide unterscheiden sich wiederum vom Bern-Deutschen. Die nach Regionen sehr verschiedene schweizer Volksmusik ist mit der der umliegenden Länder eng verbunden. Zu den ureigendsten Schweizer Traditionen gehört das Alphornblasen. Einst dienten die Töne des Alphorns der Verständigung von Berg zu Berg. Die Kommunikation funktionierte aber auch ohne dieses Instrument: Mit Gejodel – Holladiriaho –!

Schwyzerdütsch: eis – zwoi – drü

eis – eins	**zwoi** – zwei	**drü** – drei	**vier** – vier	**foif** – fünf,
sechs – sechs	**siibe** – sieben	**acht** – acht	**nüün** – neun	**zäh** – zehn

Alpenländische Kinder Musizier-, Sing- & Tanzbeschäftigungen

Alpenländische Musizier-, Tanz- und Singspiele werden seit Generationen von Alt an Jung weitergegeben. Wie der Vater und die Mutter, so der Sohn und die Tochter. Platteltänze, Dirndldreher, Juchzerjodler, Alphornblasen oder Schenkelpatscher gibt es in Oberbayern, in Tirol und in der Schweiz in unzähligen Variationen. Jedes Tal hat seine eigene Tracht und das Brauchtum der einzelnen Bergregionen wird auch von der Jugend eifrig gepflegt.
Wer es noch nicht mit eigenen Augen gesehen hat, wird sich wundern: Im Alpenland tanzen und musizieren Kinder mit ihren Eltern, dass es eine wahre Freude ist.

Jodeln, Juchzen und Trällern mit Seppi und Peppi „Holladio-Dudeldadeldidelhollarathiöh"

Schweizer, Österreicher, Bayern, Finnen ... ja selbst die Japaner jodeln.
Die Bezeichnung für das Jodeln variiert je nach Landstrich und Dialekt. In Basel heißt es „Juchzgen“, in Obwalden „Juize“, andere wieder sprechen vom „Jutzen“.
In der Schweiz wurde das Jodeln früher zur Verständigung eingesetzt, z. B. von Sennern auf Almhütten, aber auch von Jägern, Bergsteigern und Holzknechten.
In der Schweiz probieren auch jüngere Kinder bereits das Juchzerspiel.

Junge jodelnde Jodler-Jungen jodeln jaulende Jodel-Jauchzer,
jaulende Jodel-Jauchzer jodeln Junge jodelnde Jodler-Jungen

Der Naturjodel ist eine Melodie ohne Worte, die das Empfinden der Bergler und Älpler zum Ausdruck bringt. Lockrufe für Groß- und Kleinvieh haben eine in der alpenländischen Hirtenwelt tief verankerte Funktion. Sie begleiten die Arbeit mit dem Vieh, sind Lebenszeichen und Signale aus der Abgeschiedenheit weit auseinander liegender Alpen. Sie entsprangen der Lust, die eigene Stimme oder Instrumente wie Büchel, das Örgeli und andere Klangkörper kreativ zu betätigen.

Das Kehlkopfjodeln ist eine Kunst, die gelernt und eifrig geübt sein will. Für Kinder ist diese kunsvolle Singkunst, bei der von Brust- zur Kopfstimme gwechselt wird, zu kompliziert. Für sie eignet sich der „gesungene Jodler“. Beim Singjodler findet der Stimmumschlag nicht statt. Sing- oder Andachtsjodler bestehen aus wortlosen Silbenketten, die mit flotter Zunge geträllert werden.

Jodel-Silbenketten

Die Kinder singen Jodel-Silbenketten.
Erst die Silbenkette aufsprechen, dann in langsamem Tempo singen und schließlich mit flotter Zunge trällern.

Hola-ri-hi-a. Hola-ri-ho
Huller-räri. Huller-rari. Huller-ra-duliöh
Holler-dali. Holler-duli. Holler-dali-duli-röh
Ru di ru di ral lal la. Ral lal la, ral lal la

Echojodeln

Die Spielleitung teilt die JodlerInnen in zwei Gruppen auf.
Die erste Gruppe (trad. die Burschen) singt eine Jodelsilbe vor.
Die zweite Gruppe (trad. die Mädchen) singt die Silbe nach.
Beim zweiten Durchgang werden zwei Silben vorgeträllert.
Beim dritten Mal drei Silben ... usw.
Macht die zweite Gruppe beim Nachjodeln einen Fehler, werden die Rollen getauscht.
Jetzt beginnen die „Maderl" mit dem Jodeln und die „Burschen" singen's nach.

Kinder-Jodellied

Alle singen das altbekannte Lied vom Tunnel zwischen Basel und Zürich. Der Refrain wird mit einer Jodel-Silbenkette gesungen.

Vo Basel uf Züri
Det häts es Tunell
Wänn mer ine chunt wirds dunkel
Wänn mer use chunt wirds hell
|: Hola ri hi a a, Hola ri ho,
Hola-ri Hopsassa, Hola ri Ho :|

Zwischen Basel und Zürich
Da steht ein Tunell
Wenn man reinfährt wirds dunkel
Wenn man rausfährt wirds hell
|: Hola ri hi a a, Hola ri ho,
Hola-ri Hopsassa, Hola ri Ho :|

Vo Luzern uff Wäggis zue

Nr. 36

Ein Ländlerjodler, mit dem in der Schweiz die Kinder das Jodeln lernen. Das weitverbreitete Lied handelt von einer wunderschönen Gegend am Vierwaldstädter See, wo schon so populäre Europäer wie Sergei Rachmaninow, Friedrich Schiller, Mark Twain und selbstverständlich auch Herr Goethe weilten und sich inspirieren ließen.

Text und Musik: trad., Schweiz
Bearbeitung Text und Musik: D. Ferber

Vo Luzern uff Wäggis zue, hol-la-di-ho, hol-la-di-ho
Bruechd me weder Schdrümpf noch Schuh, hol-la-di-hi-a-ho
Hi-a, hol-la-di-ho, hol-la-di-ho, hol-la-di-ho
Hi-a, hol-la-di-ho, hol-la-di-hi-a-ho

Fahr im Schiffli üb'r dä See, hol-la-di-ho, hol-la-di-ho
Um die schönä Maitli z'gseh, hol-la-di-hi-a-ho
Hi-a, hol-la-di-ho, hol-la-di-ho, hol-la-di-ho
Hi-a, hol-la-di-ho, hol-la-di-hi-a-ho

Plattel-, Klatsch- & Patschtänze

Plattel-, Klatsch- und Patschtänze sind im ganzen Alpenland beheimatet. Mit Händeklatschen, Füße stampfen und auf die Oberschenkel schlagen wurde dort nach Ländlerweisen der Tanzmusik um das „Dirndl“ geworben. Ursprünglich aber war der Schuhplattler den Gebirglern, Jägern und Holzknechten vorbehalten.

Pitsch & Patsch – Klatschen mit den Händen

Bevor die Kinder zur Musik patscheln, probieren sie die verschiedenen Klang-Gesten aus.

- **Das Flachhandklatschen:** Die Finger der Schlag-Hand eng zusammen und gerade halten. Die Fingerfläche bedeckt beim Schlag genau den Handteller der zweiten Hand, wobei ein kleiner Hohlraum eingeschlossen wird. Das ergibt den typisch knackigen, hellen Patschton.
- **Das Hohlhandklatschen:** Beide Handteller bilden beim Klatscher einen geschlossenen Hohlraum. So entsteht ein dumpfer Bass-Klatscher. Je nach Veränderung des Hohlraums klingt der Klatscher anders. Ausprobieren!
- **Das Rückhandklatschen:** Die Schlag-Hand spielt mit dem Handrücken in die Handfläche der anderen Hand. Es entsteht kein Hohlraum, der Klang ist dünner und sehr hell.
- **Das Patschen:** Patschen bezeichnet jede Art von Schlag mit der flachen Hand auf den Körper. Eine Differenzierung des Klanges ergibt sich durch das Spiel auf verschiedene Körperpartien. Alle Partien des Körpers können bepatscht werden: Hüften, Po, Ober- und Unterschenkel ...

Der Pitsch-Patsch-Klatschtanz

Mit den verschiedenen Klatschtechniken lässt sich ein Klatschtanz aufführen.

Alter: ab 5 Jahren
Material: Trachtenkleidung (Lederhose & Dirndl)
Musik: Alpenländische Volksmusik

Die TänzerInnen stehen sich paarweise im Abstand von einer Armlänge gegenüber: Sie begleiten die alpenländische Volksmusik mit rhythmischen Klatschkombinationen:

- Einmal in die eigenen Hände, einmal in die rechte Hand des Partners klatschen.
- Einmal in die eigenen Hände, einmal in die linke Hand des Partners klatschen.
- Einmal in die eigenen Hände, beide Hände gegen die Hände des Partners klatschen.
- Abwechselnd in die eigenen Hände, auf die eigenen Oberschenkel klatschen

Als Zwischeneinlage: **Dirndldrahn** (Mädchen drehen)

„Dirndl" und „Bua" stehen einander gegenüber. Der Bua hebt die Hand und das Dirndl dreht sich wie eine Spindel im Kreis herum. Und dabei fliegt so recht der Dirndlrock – falls das Dirndl einen anhat.
Natürlich können auch Mädchen mit Mädchen tanzen, oder Jungen mit Jungen.

Plattel & Stampf: Schlagen mit Hand und Fuß

Schuhplatteln ist ein Tanz, bei dem der Tänzer sich mit flachen Händen rhythmisch auf die Lederhosen, die Füße und die Beine klatscht; das möglichst schnell und ohne sich zu verheddern.
Die traditionelle Kleidung besteht aus Lederhose, Haferlschuhen, gemusterten Loiferln (Strümpfen) und einemTrachtenhut.

Material: Lederhose
Musik: Alpenländische Volksmusik

Aufi-und-zruck-Plattler: Mit den Füßen rhythmisch stampfen. Dabei die Hände auf und nieder („aufi und zruck") bewegen. Mit den Beinen nach vorne stampfen, nach hinten stampfen und seitwärts stampfen. Und dann das ganze wieder von vorne.

Sohlenschlag-Plattel: Mit den Händen auf die Schuhsohle plattln.
- Mal vorne rechts – dann vorne links
- Mal hinten rechts – dann hinten links
- Mal Überkreuz

Und überhaupt: Statt auf die Sohle kann auch auf die Lederhose gepatscht werden. Aber: Immer abwechselnd und im Rhythmus.

Gaudisprünge: Zwischen den einzelnen Plattlerfiguren lustige Gaudisprünge ausprobieren, sozusagen Kung-FU in Lederhosen: Da wird in die Luft gesprungen und vor lauter Freude laut gejauchzt.

Deutschland – Mitten in Europa

Deutschland hat eine ausgeprägte Volksliederkultur mit Kinderliedern, Reimen und Singspielen, die viele Sammelbände füllen und für uns leicht zugänglich sind.
Von A wie „Alle meine Entchen“ bis „Zum Geburtstag viel Glück“ gibt es Lieder für alle Gelegenheiten. Es gibt schwäbische, bayrische, friesische ... Kinderlieder, Spiele und Tänze in Hülle und Fülle, die für eine „Reise durch Europa“ dem Anlass entsprechend selbst ausgewählt werden können.
Als typisch deutsche musikalische Spielaktion mit Kindern bevorzugen wir hier das Aufführungsspiel vom Rattenfänger aus Hameln. Eine Geschichte, in der ein Flötchen die Hauptrolle spielt. Ob beim Papageno die Zauerflöte oder bei den Trollen die Lurenklänge oder das verlorene Pfeiffli aus dem Dudelsack, Geschichten über den Zauber und die Magie der Musik gibt es viele – in Deutschland wie in ganz Europa.

Der Rattenfänger von Hameln

Ein märchenhafter Beleg der Magie fremder Musik.
Die alte Sage von jenem geheimnisvollen fremden Spielmann, der mit seinem Flötenspiel alle Mäuse und Ratten aus ihren Schlupfwinkeln lockt und später auch die Kinder in der Stadt Hameln betört. Im Jahre 1284 ließ sich zu Hameln ein wunderlicher Mann sehen. Er hatte einen Rock von vielfarbigem, buntem Tuch an und gab sich für einen Rattenfänger aus, indem er versprach, gegen ein gewisses Geld die Stadt von allen Mäusen und Ratten zu befreien.

Zu Hameln fechten Mäus' und Ratzen
Am hellen Tage mit den Katzen
Der Hungertod ist vor der Tür
Was tut der weise Rat dafür?

Im ganzen Land macht er's bekannt
Wer von den Räubern die Stadt kann säubern
Des Bürgermeisters Töchterlein
Die soll zum Lohn sein eigen sein!
Karl Simrock (Dichter, Schriftsteller, Sagen- und Märchensammler)

Von Stunde zu Stunde wurden die Ratten in der Stadt Hameln unverschämter: Sie sausten frech durch die Straßen, huschten in Einkaufskörbe und kletterten Hosenbeine hinauf. Sie purzelten quiekend durch die Betten und schlabberten aus der Milchkanne, sie erschreckten die Kinder und brachten den Erwachsenen das Grausen bei. Was aber das Schlimmste war: sie fraßen und fraßen und fraßen, bis es in der ganzen Stadt nichts mehr zu essen gab. Schließlich beherrschten die Ratten die ganze Stadt, während die Bürger sich nicht mehr aus ihren Häusern trauten.
Als der Bürgermeister Haare raufend aus dem Fenster schaute, erblickte er plötzlich einen Mann, der durch die menschenleere Straße auf das Rathaus zumarschierte. Auf dem Kopf trug der Fremde einen seltsamen Hut mit einer langen Feder, die lustig im Takt seiner Schritte auf und ab wippte. In der einen Hand hielt er ein kleine Flöte, auf der blies er nun zur Begrüßung eine hübsche kleine Melodie.

Ich bin der wohlbekannte Singer
Der vielgereiste Rattenfänger
Den diese altberühmte Stadt
Gewiss besonders nötig hat.
(Johann Wolfgang von Goethe: Die Ballade vom Rattenfänger)

„Was suchst du hier, Fremder?", fragte der Bürgermeister. „Siehst du nicht die Ratten, die Unheil über unsere Stadt gebracht haben?"
„Soso!", lachte der Fremde. „Eine Rattenplage habt ihr hier. Nun, da komme ich gerade recht!" Und er versprach dem Bürgermeister die Stadt von den Ratten zu befreien. Als Lohn sollte er die schöne Tochter des Bürgermeisters zur Frau bekommen. Die beiden Männer besiegelten die Abmachung mit einem feierlichen Handschlag, dann verbeugte sich der Fremde höflich und verließ das Rathaus.
Er stellte sich mitten auf die Straße, nahm seine Flöte und fing an zu spielen. Leise erklangen lockende Töne. Nun spielte der Fremde etwas lauter und die Flötentöne klangen fordernd, fast wie ein Befehl.
Daraufhin geschah das Unfassbare: aus jedem Haus, aus jedem Loch und aus jeder Ritze kamen die Ratten angesaust. Ein Meer von grauen Leibern ergoss sich auf die Straße und strömte hinter dem geheimnisvollen Fremden her, dessen Flöte gurrte und tirilierte.
Keine einzige Ratte vermochte sich diesem magischen Klang zu entziehen, ohne Ausnahme folgten sie alle dem Rattenfänger.
Der führte sie erst zur Stadt hinaus, dann wanderte er langsam zum Fluss hinab und ging hinein, bis das Wasser ihm über den Bauch reichte. Die staunende Menschenmenge, die ihm bis vor die Tore der Stadt gefolgt war, sah mit eigenen Augen, wie eine Ratte nach der anderen dem Fremden ins Wasser folgte und auf Nimmerwiedersehen verschwand.
Als keine Ratte mehr zu sehen war, ging der Rattenfänger zurück ins Rathaus, um den versprochenen Lohn in Empfang zu nehmen. Doch der Bürgermeister hatte es sich inzwischen anders überlegt: „Meine schöne Tochter willst du haben, du unverschämter Strolch!", rief er empört. „Nur weil du ein paar Ratten verjagt hast?" Ärgerlich schmiss er dem Rattenfänger ein paar Münzen vor die Füße. „Hier sind fünf Taler für dich, nimm sie und sieh zu, dass du möglichst schnell von hier verschwindest."
Der Rattenfänger machte sich nicht einmal die Mühe das Geld aufzuheben. Er packte seine Flöte, knallte die Tür zu und verließ die Stadt durchs nächste Stadttor.

Ein paar Tage später schien es ganz so, als habe das Glück wieder Einzug gehalten in der Stadt Hameln.
Doch eines Nachts, als alle in den Betten lagen und friedlich schliefen, ertönte auf einmal ganz leise wieder der unwiderstehlich süße Klang einer Flöte. Wie durch Zauberei stieg ein Kind nach dem anderen leise aus dem Bett und lief auf die Straße, wo der Rattenfänger entlang ging und mit der Flöte lockte.

Der Wundermann durchzog die Straßen
Er kam und pfiff zusamm' geschwind
Wohl auf einhundert schöne Kind'
Der Hirt sah sie zur Weser gehen
Und keiner hat sie mehr gesehen
Verloren sind sie an dem Tag
Zu ihrer Eltern Weh und Klag
(Clemens Brentano: Volkslied über den Rattenfänger von Hameln)

Kein Erwachsener wachte von seinem Flötenspiel auf, aber alle Kinder kamen und kein einziges blieb zurück. Wie Schlafwandler folgten Jungen und Mädchen dem Rattenfänger durch die ganze Stadt. Sie wanderten durch das Stadttor hinaus und der lange Zug verschwand hinter einem Hügel.

Als die Bürger von Hameln am nächsten Morgen aufwachten, waren alle Kinder weg. Verzweifelt rannten die Mütter und Väter vor die Tore der Stadt, suchten mit den Augen die Hügel ab. Aus der Ferne hörten sie ganz deutlich die Flöte des Rattenfängers, doch ihre Kinder bekamen sie sobald nicht mehr zu sehen.

Ihr lieben Leute lasst euch sagen, was sich in Hameln zugetragen!

Am 26. Juni 1284 soll sich in Hameln ein Ereignis zugetragen haben, das sich wie kein anderes in die Geschichte der Stadt eingegraben hat: die Sage vom Ausgang der „Hämelschen Kinder" oder der so genannte „Exodus Hamelensis".
Das Aufführungsspiel vom Rattenfänger hat sich in der Praxis vielfach bewährt. In Feriencamps oder Kindergärten wird es gerne vorgetragen. Da der Handlungsstrang sehr einfach ist, lässt sich ein Aufführungsspiel schnell arrangieren.

Alter: ab 7 Jahren (mit Textvorgabe ab 5 Jahren)
Material: des Rattenfängers Zauberflöte, Requisiten (Verkleidung, Bühnenbild), Kassettenrecorder

Wer spielt was?

Die Spielleitung liest die Geschichte vor, anschließend verteilen die Kinder unter sich die Rollen.
Wer spielt
- die Hauptrolle des Flöte spielenden Rattenfängers? (Wer kann Flöte spielen?)
- den Bürgermeister mit seinen Ratsherren und Bürgern?
- die Rattenhorde und die Kinder aus Hameln?

Und ganz wichtig: Wer übernimmt die Rolle des Erzählers, der zwischen den einzelnen Szenen mit drei Reimen (siehe Erzählgeschichte) überleitet?

Wer sagt was?

Die Kinder denken sich einfache Dialogszenen aus und legen (mit Hilfe) ein Textmanuskript an.
Ist das Manuskript fertig, üben die Kinder ihre Textpassagen.
Dann sprechen die SchauspielerInnen ihre Textpassagen zur Selbstkontrolle auf Kassette. Dadurch lässt sich das freie Sprechen von Probe zu Probe verbessern.

Verkleidungsklamotten, Requisiten und Schminke

Die Kinder malen mit einfachen Hilfsmitteln ein Bühnenbild auf Pappe:
an einer Seite das Stadttor der Stadt Hameln, im Hintergrund die Weser, an der anderen Seite das Rathaus ...

Für die **Kostüme** findet sich sicher etwas in irgendeiner Klamottenkiste.

- **Bürgermeister & Ratsherren:** Anzüge und Hüte und Krawatten. Der Bürgermeister steckt sich ein Kissen unter's Hemd und schminkt sich einen Schnurrbart.
- **Der Rattenfänger:** Zünftig und ein bisschen wie ein Jäger. Wichtig ist ein Hut mit einer langen Feder und natürlich die Flöte.
- **Die Ratten:** graue (dunkle) Leggings und T-Shirt, angeschminkte Barthaare, kleine „Spitzmausnasen" aus Karton und lange Schwänze aus Kordel am Hosenbund.
- **Die Kinder:** Schlafanzüge, Nachthemden.

Der Ablauf:

- Auftritt des Flöte spielenden Rattenfängers in der Stadt, die Ratten tanzen um ihn herum
- Treffen mit Rattenfänger, Bürgermeister und Ratsherren
- Die Ratten ziehen mit dem Rattenfänger aus der Stadt
- Streit zwischen Rattenfänger und Bürgermeister
- Der Rattenfänger spielt seine Flöte, die Kinder folgen ihm tanzend aus der Stadt.

Dramaturgische Höhepunkte:

Zweimal erklingt die zauberhafte (improvisierte) Flötenmelodie des Rattenfängers. Diese Szenen werden ohne Sprache gespielt. Der Rattenfänger tänzelt vorneweg, hinter ihm die Rattenschar und zum Schluss die Kinder.

Applaus!

Europa – Kontinent mit großer Sprachenvielfalt

Wir stellen uns vor –
Europäische Kinder begrüßen sich

Ein Begrüßungsspiel für Kindergruppen mit Kindern aus unterschiedlichen Ländern. Das Sprechspiel lässt sich immer wiederholen. Die Kinder können dabei außer der Begrüßungsformel noch andere Begriffe kennen lernen. Das hilft sich gegenseitig zu respektieren.

Alter: Wer sprechen kann

Die Kinder stellen sich einander in der Gruppe vor. Sie sagen in ihrer Muttersprache wie sie heißen und fragen nach den Namen der anderen.
Nach einem gemeinsamen Begrüßungstext sagen sie „Guten Tag“ in ihrer Muttersprache und fragen die anderen „Wie geht's? Alle antworten dem Kind und wiederholen seine Frage in seiner Sprache.
Wird dieses Spiel öfter in einer Gruppe wiederholt, können immer neue Fragen oder Sätze das Spiel erweitern.

Beispiele:

Yasemin Günay aus der Türkei stellt sich vor:

Yasemin: *„Adim Yasemin Günay. Adin ne?“*
Alle: Wir sind viele Kinder und leben in Deutschland.
Wir leben hier sehr gerne in diesem schönen Land
Wir sprechen in vielen Sprachen:
„Guten Tag, wie geht's?“
Yasemin aus der Türkei ist auch mit dabei!

Yasemin: *Merhaba nasilsin – Merhaba nasilsin*
Alle: Uns geht's allen gut. Und du bist mit dabei.
Guten Tag, wie geht's, das heißt auf Türkisch: *Merhaba nasilsin*

Alberto Ferera aus Italien stellt sich vor:

Alberto: *„Mi chiamo Alberto Ferera. Come ti chiami?“*
Alle: Wir sind viele Kinder und leben in Deutschland.
Wir leben hier sehr gerne in diesem schönen Land.
Wir sprechen in vielen Sprachen.
„Guten Tag, wie geht's?“
Alberto aus Italien ist auch mit dabei.

Alberto: *Buon giorno, come stai – Buon giorno, come stai?*
Alle: Uns geht's allen gut. Und du bist mit dabei.
Guten Tag, wie geht's, das heißt auf Italienisch: *Buon giorno, come stai.*

Kanonsingen in mehreren Sprachen

Das Lied vom Hahn, der nicht mehr schreien kann, ist in Europa in vielen Sprachen übernommen worden. Beim Kanonsingen lassen sich in einem Lied tatsächlich viele verschiedene Sprachen miteiander kombinieren. Deutsche, französische und türkische Kinder singen gemeinsam ein Lied in ihrer Muttersprache ...

Deutsch:
Der Hahn ist tot, der Hahn ist tot
Er kann nicht mehr singen co-co-di co-co-da
co-co-co-co-co-co-co-co di co-co-da

Französisch:
Le coq est mort, le coq est mort
Il ne dira plus co-co-di co-co-da
co-co-co-co-co-co-co-co di co-co-da

Türkisch:
Horoz oldü, horoz oldü
artik öte miyor co-co-di co-co-da
co-co-co-co-co-co-co-co di co-co-da

Italienisch:
Il gallo è morto, il gallo è morto
Non farà più cocori cocora
co-co-co-co-cco-co-co-cc ri co-co-ra

Englisch:
The cock is dead, the cock is dead
He will say no more co-co-di, cocoda
co-co-co-co-cco-co-co-cc ri co-co-ra

Spanisch:
El martillo es muerto, el martillo es muerto
Él dirá no más co-co-di, cocoda
co-co-co-co-cco-co-co-cc ri co-co-ra

Tour d'Europe – eine Tour durch Europa

Die in diesem Buch aufgeführten Lieder, Tänze und Musikspiele lassen sich selbstverständlich beliebig miteinander zu Kindergruppenaktionen, Projekttagen, Wochenaktionen, Kindergruppen-Festaufführungen oder Ferienspielaktionen kombinieren. Die Spielaktionen aus den verschiedenen Musikkulturen lassen sich ebenfalls leicht miteinander verknüpfen.

Wir organisieren ein europäisches Kindermusikfest

Mit Kindergruppen lässt sich mit ein wenig Fantasie und gehörigem Engagement ein richtiges kleines Europa-Musik-Festival organisieren. Die TeilnehmerInnen bereiten in Kleingruppen ihre verschiedenen Festivalbeiträge vor. Die Aufteilung der Gruppen richtet sich nach dem jeweiligen Interesse:

- Wer gerne tanzt wählt die Gruppe der Euro-Tanzmäuse.
- Kinder, die lieber singen möchten, machen bei der europäischen Liederparade mit.
- Beim Euro-Fest-Komitee gibt es auch jede Menge zu tun. So eine musikalische Tour d'Europe kann Unterstützung in jeder Form gebrauchen.

Die Euro-Tanzmäuse

In der Tanzgruppe werden Kindertänze aus dem Buch vorgestellt. Die Kinder wählen unter den verschiedenen Angeboten ihren Lieblingstanz aus:
Irish kid-tabdance (Seite 27), Tanz mit den Klompenschuhen (Seite 42), La dance du moulain (Seite 51), La Tarara (Seite 61), Tarantella (Seite 67), Sirtaki (Seite 73), Tritsch-Tratsch-Polka (Seite 88), Walzer (Seite 134), Tirolerhut-Tanz (Seite 133), Plattel & Stampf-Tanz (Seite 140).
Die Tänze einstudieren (je eine Stunde) und in mehreren Tanzproben immer wieder üben. Für die Aufführung Tanz-Verkleidungsklamotten sammeln und ggf. mit einer kleinen Bastelaktion kombinieren.

Europäische Liederparade – Grand prix d'Europe

Den Kindern in der Liedergruppe werden die einzelnen Kinderlieder aus dem Buch vorgestellt (falls zur Hand, die CD „Europa in 80 Tönen" vorspielen): *This old man (Seite 14), My bonnie is over the ocean (Seite 21), De Zevensprong (Seite 32), Daar vaart een man op zee (Seite 40), Un kilomètr' à pied (Seite 48), Meunier, tu dors (Seite 49), La mar estaba salada (Seite 58), Kato sto yalo (Seite 72), Çay – das Teelied (Seite 76), Ez volt a kedvencem kicsi koromban (Seite 84), Bájuschki, bajú (Seite 101), Amol is gewen (Seite 112), Piiri pieni pyörii (Seite 118), Vi har en gammel tante (Seite 120), Små grodorna (Seite 125), Der Hansel hiat d'Ochsn (Seite 135), Von Luzern uff Wäggis zue (Seite 139).*

Aus den Liedvorschlägen wählen die SängerInnen ihr Lied aus (oder sie schlagen ein weiteres vor). Vielleicht gibt es in der Gruppe ein Kind, das ein ganz neues Kinderlied aus seiner Heimat vorschlagen möchte?

Die Lieder können in verschiedenen Aufführungsvarianten geprobt werden: Im freien Chorgesang, mit eigenem Begleitinstrumentarium (siehe die einfach notierten Notenbilder für Flöten und passenden Gitarren-Chords) oder als Playback, zu dem einfach mitgesungen wird.
Für die Aufführung lassen sich die Lieder auch szenisch untermalen:
Den Kindershanty im Matrosen-outfit singen. Das Marschierlied „Un kilomètr' à pied" im Entenmarsch präsentieren und das Lied von der Gammel-Tante pantomimisch untermalen.

Das Euro-Fest-Komitee

Das Komitee ist für Festvorbereitung und Organisation zuständig:
Ankündigungsplakate und Handzettel anfertigen, aufhängen und verteilen.
Bühne herrichten und dekorieren.
Nicht zuletzt gilt es einige europäische Leckereien zu organisieren. Wer kennt die typischen Lieblingsspeisen und Getränke der Kinder Europas? Pasta, Pommes, Halva, Crèpes, Çay und Zitronenlimonade passen z. B. gut zu einem kulinarisches Europabuffet.

Anhang

Verwendete und weiterführende Literatur

A. Bartl: Fun Olympics. Verlag an der Ruhr 1999, ISBN 3-86072-445-2
H. Baum: Spiele aus Großmutters Zeit. Herder 1996, ISBN 3-451-23626-5
Brosche/Rösel/Ruoß: Ich lebe in Europa. Ravensburger Buchverlag 1998, ISBN 3-473-35465-1
Budenz/Uihlenkamp: Die Tanzparty, Don Bosco 1964, keine ISBN
Femke van Doorn-Last: Volkstanz lehren und lernen. Georg Kallmeyer Verlag 1985, ISBN 3-7800-6018-3
dtv junior ferienbuch: England. Deutscher Taschenbuch Verlag, 1985, ISBN 3-423-07952-5
dtv junior ferienbuch: Italien. Deutscher Taschenbuch Verlag 1984, ISBN 3-423-07950-9
Europäische Schulen: Cantemus, Liederbuch der Europäische Schulen
A. Francke: Volkslieder aus der Türkei. Arbeitstexte im E.B. Verlag Rissen 1984, ISBN 3-923002-13-0
Hai & Topsy Frankl: Wenn der Rabbi singt. Gütersloher Verlagshaus 1996, ISBN 3-579-00721-1
A. Gaß-Tutt: Kinderparty-Kinderspaß, Fidula 1980, ISBN 3-87226-133-9
W. Germann: Spielgeschichten. Orell Füssli 1992, ISBN 3-280-02126-X
Groh/Holler/Berger/Derdak: Gipfeltreffen. Dachs Verlag 1998, ISBN 3-85191-149-0
F. Hegenbarth: Auf geht's. Druckerei & Verlagsanstalt „Bayerland“ Anton Steigenberger 1990, ISBN 3-89251-078-4
Heumann: Musiklexikon für Kinder. Schott 2000, ISBN 3-7957-0025-6
Holland-Moritz/Nykrin: Das Musizierliederbuch. Schott Musik International 1996, ISBN 3-7957-4005-3
Knaurs Länderlexikon: Die Staaten der EU. Droemersche Verlagsanstalt 1999, ISBN 3-426-77382-1
M. Küntzel-Hansen: Musikspiele. Kallmeyer 1982, ISBN 3 7800 6037 X
Lieder ohne Grenzen. Bayerischer Schulbuch-Verlag, München
D. Lindener: Traumzeit. Traumzeit-Verlag 1999, ISBN 3-933825-01-6
G. Losch: Kinderspiele. Voggenreiter Verlag1966, keine ISBN
Lukácsy: Spiele aus aller Welt, Corvina Verlag, Budapest 1972, keine ISBN
Musikinstrumente der Welt. Signa 1997, ISBN 3-332-00812-9
Naegele/Haarmann (Hrsg): Darf ich mitspielen?. Beltz praxis 1989, ISBN 3-407-62096-9
K. Pahlen: Kinder der Welt und ihre Lieder. Reich Verlag 1979, ISBN 3-7234-0165-0
David Reck: Musik der Welt. Rogner & Bernhard bei Zweitausendeins 1991, ISBN 3-8077-0249-0
F. Reinhardt: Spiele mit Klängen. Don Bosco Verlag 1983, ISBN 3-7698-0474-0

SCHMOLKE/BORGESE: Tanzen und Musizieren 2. Möseler Verlag 1952, keine ISBN
E. SCHUHMACHER: Singspiele und Kindertänze für die Grundschule. Verlag Karl Hofmann 1972
H. SEGLER: Tänze der Kinder in Europa. Moeck Verlag 1992, ISBN 3-87549-046-0
H. SEGLER: Tänze der Kinder in Europa, Teil 2. Moeck Verlag1992, ISBN 3-87549-046-0
THIESEN: Himmel, Hölle & Co. Beltz 1999, ISBN 3-407-22011-1
THOMA/MERKLE: Die Kunst des Jodelns. Heimeran1977, ISBN 3-7765-0241-X
ULICH/OBERHUEMER/REIDELHUBER: Der Fuchs geht um auch anderswo. Beltz praxis 1993, ISBN 3-407-62097-7
WATKINSON/WEIß: Musikwerk für Schulen Band 1, Das Lied zum Unterricht. Voggenreiter 1977
ZEUCH: Lisa, Lolle, Lachmusik. Arena 1987, ISBN 3-401-04148-7
R. ZIMMER: Spielformen des Tanzens. Verlag modernes lernen 1990, ISBN 3-8080-0139-9
R. ZIMMER (HRSG.): Spielformen des Tanzens. Verlag modernes lernen 2000, ISBN 3-8080-0456-8

Register

Spielaktionen = normal
Lieder – fett
Geschichten = unterstrichen
Tänze = kursiv

Die AutorInnen

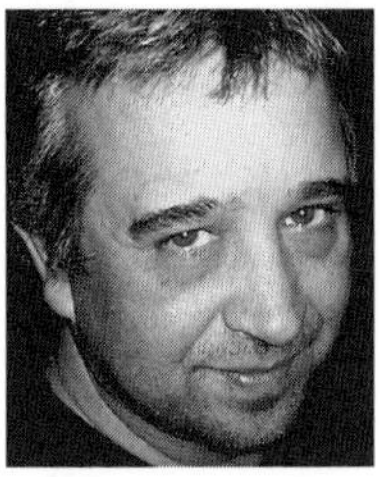

Hartmut E. Höfele
besuchte in Karlsruhe die Europaschule. Spielte live Folkmusik & Rockmusik als Liedermacher & Sänger. Mit dem Kindermusiktheater „Firlefanz" spielte Höfele seit über zehn Jahren unzählige Auftritte im gesamten Bundesgebiet. Produzierte annähernd 80 Tonträger u.a. für Sony-Musik, Deutsche Grammophon, IKEA, Pläne, Grüne Kraft, Trikont, Ökotopia ... Als Hörspielproduzent & Sprecher realisierte er 25 MAUS-Kinderhörspielcassetten. Mit Samplesoundcollage-Produktionen (Green Vison, David Lindner-Traumbilder) überrascht er ebenso wie mit seinen Stummfilm-Vertonungen. Für den Ökotopia-Verlag realisierte er gemeinsam mit seiner Frau Susanne Steffe schon einige erfolgreiche Buchprojekte.

Susanne Steffe
besuchte in Brüssel und Luxemburg die Europaschule. Studierte in Heidelberg Rechtswissenschaften. In Wien absolvierte sie eine Ausbildung zur Modezeichnerin. Lebt nun schon einige Jahre im ODENwald und schreibt dort Geschichten, Hörspiele, Bücher und Einkaufszettel, die sie selbst verlegt. – Ihr Sohn Oscar sorgt durch seine Alltagskomik immer wieder für neue Anregungen.

...UND DAZU DER TONTRÄGER VON HARTMUT E. HÖFELE

Europa in 80 Tönen CD

Kinderlieder und Tänze aus ganz Europa – in Deutsch und Originalsprachen gesungen

Eine einmalige Zusammenstellung der schönsten Kinderlieder, Tänze und Geschichten aus ganz Europa. Hier finden sich neben vielen klassischen Kinderliedern auch zeitgemäße Texte, die pfiffig instrumentiert sind und gleich zum Mitsingen anregen. Dudelsackpfeifen aus Schottland oder Bouzoukiklänge aus Griechenland sind beispielsweise ebenso zu hören wie spanische Kastagnetten oder Balalaikaklänge aus Osteuropa. Hartmut E. Höfele und seine brillante Musikercrew spielen die Musik mit viel spieltechnischer Fingerfertigkeit erstaunlich erfrischend auf.

Einsatzmöglichkeiten:
Eine aufwendige Musikproduktion für Kinder und engagierte PädagogInnen in Kindergärten, Schulen, Musikschulen, Kinder- & Jugendfreizeiteinrichtungen und für alle, die Lust auf Kinderlieder aus ganz Europa haben.

ISBN: 3-931902-88-9

Autor:
Hartmut E. Höfele, Liedermacher, Bandleader, Musikproduzent und Jugendgruppenleiter. Alle Programme präsentiert er live mit seinem Musiktheater FIRLEFANZ.

Musiktheater FIRLEFANZ
Gemeinsam mit dem Gitarristen und Sozialpädagogen Günter Geisinger und dem Allroundkünstler Walt Bender spielt Höfele Kindermusiktheater-live. Seit über 15 Jahren tourt das Musiktheater FIRLEFANZ mit großem Erfolg durch das gesamte Bundesgebiet. Eine Mischung aus Musik & Comedy & Slapstick. Ein Programm für die ganze Familie.

Kontakt:
Kindertheater Firlefanz
Hartmut E. Höfele
Am Feldrain 19, 69469 Ritschweier
Tel./Fax: 06201/54008
www.firlefanz-kinderlieder.de

Kinder spielen Geschichte

Floerke + Schön

Markt, Musik und Mummenschanz

Stadtleben im Mittelalter

Das Mitmach-Buch zum Tanzen, Singen, Spielen, Schmökern, Basteln & Kochen

ISBN (Buch): 3-931902-43-9
ISBN (CD): 3-931902-44-7

G. + F. Baumann

ALEA IACTA EST

Kinder spielen Römer

ISBN: 3-931902-24-2

Jörg Sommer

OXMOX OX MOLLOX

Kinder spielen Indianer

ISBN: 3-925169-43-1

Bernhard Schön

Wild und verwegen übers Meer

Kinder spielen Seefahrer und Piraten

ISBN (Buch): 3-931902-05-6
ISBN (CD): 3-931902-08-0

Im KIGA, Hort, Grundschule, Orientierungsstufe, offene Kindergruppen, bei Festen und Spielnachmittagen

Auf den Spuren fremder Kulturen

Die erfolgreiche Reihe aus dem Ökotopia Verlag

H.E.Höfele, S. Steffe

Der wilde Wilde Westen

Kinder spielen Abenteurer und Pioniere

ISBN (Buch): 3-931902-35-8

Wilde Westernlieder und Geschichten

ISBN (CD): 3-931902-36-6

P. Budde, J. Kronfli

Karneval der Kulturen

Lateinamerika in Spielen, Liedern, Tänzen und Festen für Kinder

ISBN (Buch): 3-931902-79-X
ISBN (CD): 3-931902-78-1

Sybille Günther

iftah ya simsim

Spielend den Orient entdecken

ISBN (Buch): 3-931902-46-3
ISBN (CD): 3-931902-47-1

WELTMUSIK FÜR KINDER

Kinderweltmusik im Internet

www.weltmusik-fuer-kinder.de

H.E. Höfele, S. Steffe

In 80 Tönen um die Welt

Eine musikalisch-multikulturelle Erlebnisreise für Kinder mit Liedern, Tänzen, Spielen, Basteleien und Geschichten

ISBN (Buch): 3-931902-61-7
ISBN (CD): 3-931902-62-5

Gudrun Schreiber, Chen Xuan

Zhong guo ...ab durch die Mitte

Spielend China entdecken

ISBN: 3-931902-39-0

D. Both, B. Bingel

Was glaubst du denn?

Eine spielerische Erlebnisreise für Kinder durch die Welt der Religionen

ISBN: 3-931902-57-9

M. Rosenbaum, A. Lührmann-Sellmeyer

PRIWJET ROSSIJA

Spielend Rußland entdecken

ISBN: 3-931902-33-1

G. Schreiber, P. Heilmann

Karibuni Watoto

Spielend Afrika entdecken

ISBN (Buch): 3-931902-11-0
ISBN (CD): 3-931902-12-9

Miriam Schultze

Sag mir, wo der Pfeffer wächst

Spielend fremde Völker entdecken

Eine ethnologische Erlebnisreise für Kinder

ISBN: 3-931902-15-3

Der Fachverlag für gruppen- und spielpädagogische Materialien

Ökotopia Verlag und Versand

Kooperative Spiele, Spiele in Gruppen, Lernspiele, Bewegungsspiele, Brettspiele

Fordern Sie unser kostenloses Programm an:

Ökotopia Verlag
Hafenweg 26 · D-48155 Münster
Tel.: (02 51) 48 19 80 · Fax: 4 8198 29
E-Mail: info@oekotopia-verlag.de

Besuchen Sie unsere Homepage! Genießen Sie dort unsere Hörproben!

http://www.oekotopia-verlag.de und www.weltmusik-fuer-kinder.de

Inseln der Entspannung

Kinder kommen zur Ruhe mit 77 phantasievollen Entspannungsspielen

ISBN: 3-931902-18-8

Voll Sinnen spielen

Wahrnehmungs- und Spielräume für Kinder ab 4 Jahren

ISBN: 3-931902-34-X

Schmusekissen Kissenschlacht

Spiele zum Toben und Entspannen

ISBN: 3-925169-50-4

Auf dem Blocksberg tanzt die Hex'

Spiele, Geschichten und Gestaltungsideen für kleine und große Hexen

ISBN: 3-931902-19-6

Eltern-Turnen mit den Kleinsten

Anleitungen und Anregungen zur Bewegungsförderung mit Kindern von 1 - 4 Jahren

ISBN: 3-925169-89-X

Wi-Wa-Wunderkiste

Mit dem Rollreifen auf den Krabbelberg – Spiel- und Bewegungsanimation für Kinder ab einem Jahr Mit einfachen Materialien zum Selberbauen

ISBN: 3-925169-85-7

Kritzeln-Schnipseln-Klecksen

Erste Erfahrungen mit Farbe, Schere und Papier und lustige Ideen zum Basteln mit Kindern ab 2 Jahren in Spielgruppen, Kindergärten und zu Hause

ISBN: 3-925169-96-2

Große Kunst in Kinderhand

Farben und Formen großer Meister spielerisch mit allen Sinnen erleben

ISBN: 3-931902-56-0

Kunst & Krempel

Fantastische Ideen für kreatives Gestalten mit Kindern, Jugendlichen und Erwachsenen

ISBN: 3-931902-14-5

Laß es spuken

Das Gruselbuch zum Mitmachen

ISBN: 3-931902-01-3

Wunderwasser Singen kann doch jeder

Lieder, Tänze, Spiele und Geschichten aus dem Kinderwald

ISBN (Buch): 3-931902-65-X
ISBN (CD): 3-931902-66-8

Spiel & Spaßaktionen

Lustige und spannende Fantasie-Abenteuer-Spiele für Kids

ISBN: 3-931902-63-3